中国式现代化视域下
江西高校大学生留赣就业研究

苏红 张剑锋 ◎ 著

江西人民出版社
Jiangxi People's Publishing House
全国百佳出版社

图书在版编目（CIP）数据

中国式现代化视域下江西高校大学生留赣就业研究 /
苏红 , 张剑锋著 . -- 南昌 : 江西人民出版社 , 2023.9
ISBN 978-7-210-14899-9

Ⅰ . ①中⋯ Ⅱ . ①苏⋯ ②张⋯ Ⅲ . ①大学生—就业—
研究 Ⅳ . ① G647.38

中国国家版本馆 CIP 数据核字（2023）第 190515 号

中国式现代化视域下江西高校大学生留赣就业研究
ZHONGGUOSHI XIANDAIHUA SHIYU XIA JIANGXI GAOXIAO DAXUESHENG LIUGAN JIUYE YANJIU

苏 红　张剑锋　著

责 任 编 辑 : 周伟平
封 面 设 计 : 同异文化传媒+王心悦

 江西人民出版社　出版发行
Jiangxi People's Publishing House
全 国 百 佳 出 版 社

地　　　　址 : 江西省南昌市三经路 47 号附 1 号（邮编 : 330006）
网　　　　址 : www.jxpph.com
电 子 信 箱 : jxpph@tom.com
编辑部电话 : 0791-86898054
发行部电话 : 0791-86898815
承 印　　厂 : 北京虎彩文化传播有限公司
经　　　销 : 各地新华书店

开　　　本 : 787 毫米 ×1092 毫米　1/16
印　　　张 : 16
字　　　数 : 320 千字
版　　　次 : 2023 年 9 月第 1 版
印　　　次 : 2023 年 9 月第 1 次印刷
书　　　号 : ISBN 978-7-210-14899-9
定　　　价 : 38.00 元
赣版权登字 -01-2023-460

目录

第三章

实证研究设计及数据处理

第四章

样本特征描述性分析

第五章

留赣就业意愿差异性分析

第六章

留赣就业意愿相关性分析

第七章

留赣就业意愿及其影响因素的层次回归分析

第八章

江西高校留赣就业案例分析及经验总结

第九章

中国式现代化视域下江西高校大学生留赣就业扶持机制设计

第二篇 留赣创业篇

第一章

相关概念界定及理论基础

第五章

创业激情对大学生创业意愿的影响研究

第六章

江西高校大学生留赣创业典型案例研究

第七章

中国式现代化视域下江西高校大学生留赣创业扶持机制设计

第一篇 留赣就业篇

绪论

一、问题的提出

党的二十大报告指出："从现在起，中国共产党的中心任务就是团结带领全国各族人民全面建成社会主义现代化强国、实现第二个百年奋斗目标，以中国式现代化全面推进中华民族伟大复兴"，"高质量发展是全面建设社会主义现代化国家的首要任务"，"教育、科技、人才是全面建设社会主义现代化国家的基础性、战略性支撑。必须坚持科技是第一生产力、人才是第一资源、创新是第一动力，深入实施科教兴国战略、人才强国战略、创新驱动发展战略，开辟发展新领域新赛道，不断塑造发展新动能新优势"。

人的现代化是现代化的前提、基础、条件。党的二十大报告将教育强国、科技强国、人才强国作为一个整体提出，充分凸显了中国式现代化人的主体性地位。中国式现代化以其人口规模巨大、全体人民共同富裕、物质文明和精神文明相协调的鲜明特征诠释着马克思主义人学思想，是为了人，发展人，实现人的伟大事业。伟大事业凝聚磅礴力量。青年是社会建设的主力军。习近平总书记指出："青年是标志时代的最灵敏的晴雨表，时代的责任赋予青年，时代的光荣属于青年。"高校毕业生是中国式现代化的新生力量、宝贵的人力资源，是实现中国式现代化的建设者、见证者、接棒人。

加快建设富裕美丽幸福现代化江西是江西人民的福祉。江西经济发展立足新发展阶段，贯彻新发展理念，构建新发展格局，实现 2035 年目标的关键在人才。当前，开创凝心聚力全面建设社会主义现代化江西新征程、高质量推进江西建设的新篇章，吸引更多的高校毕业生在赣就业创业是关键。

江西是高校大学生外流就业的大省。2017 年，江西毕业生达 303787 人，其中研究生毕业生 8454 人，本科毕业生 123001 人，高职高专毕业生 172332 人，毕业生在赣就业比例为 47.78%。2018 年，江西毕业生达 317994 人，其中研究生毕业生 9511 人，本科毕业生 126952 人，高职高专毕业生 181531 人，毕业生在赣就业比例为 47.74%。

2019 年，时任省长易炼红在江西省第十三届人民代表大会第三次会议上所作的《政府工作报告》中提出要提高留赣就业率。同年，江西省委办公厅、省政府办公厅印发的《关于进一步扩大开放推动经济高质量发展的若干措施》对高校毕业生留赣就业率提出了具体要求。之后，江西省人力资源和社会保障厅制定出台了一次性求职补贴、一次性创业补贴以及鼓励基层就业等一系列具有江西特色的促进高校毕业生就业创业的优惠政策。如对低保、残疾、助学贷款等 6 类困难应届高校毕业生给予 1000 元的一次性求职补贴；对高校毕业生到家庭企业就业的，给予岗位补贴和社保补贴。同时，推出了扩充基层就业数量、挖掘在赣企业用人潜力、加大事业单位招聘力度、扩大中小学教师招聘数量、支持创业带动就业、扩大升学规模、加强就业帮扶、激励应征入伍、做好就业服务工作等政策措施。

事实上，从数据看，2019 年以来，江西高校毕业生留赣就业率有所提升。江西就业主管部门发布的就业质量报告显示，2019 年江西高校毕业生留赣就业率为 51.32%，2020 年为 55.33%，2021 年为 57.65%。但是，江西高校大学生留赣就业意愿如何，这些政策对大学生留赣就业的实际激励效果如何都有待科学评价。

因此，有必要科学地研究影响江西高校大学生留赣就业意愿与行为的因素有哪些、政府如何促进，江西高校大学生对留赣就业扶持政策的满意度及需求优先次序怎样、政府如何优化，等等。对这些问题的准确回答，对于引导江西高校大学生积极投身于江西经济建设，为江西高质量实现2035年目标贡献力量具有重大的现实意义。

二、文献综述

（一）相关文献述评

1. 人力资本对大学生就业的影响

鲍计国以454名2020届应用型高校的毕业班为调研对象，发现人力资本水平对应用型高校毕业生就业质量具有不同程度的影响。邹波等以中部某地方高校2017届财经类本科毕业生为研究样本，采用逐步回归分析法对人力资本对大学生就业质量的影响进行了分析。分析结论显示：大学本科毕业生就业质量存在一般性与特殊性差异的可能，不同高校、不同专业的毕业生，不仅就业质量差异较大，影响就业质量的显著因素也可能存在较大差异；地方一般本科院校的财经类毕业生的就业竞争力的构成要素可能发生了一些新的变化，毕业生的差异性及综合素质越来越被用人单位看重。这样的结论同样在胡雪的研究中得到证实。胡雪分析132所高校的259份样本后，得出毕业院校、学历、社会实践显著影响就业质量的结论。于泽汇以山东省部分高校的600名大学毕业生为调查对象，实证研究发现，学历、学生干部经历、专业对口度、家庭所在地及就读高校层次是影响大学生就业质量的关键因素。黄敬宝分析北京18所高校的504个样本后，得出计算机等级和学生干部经历显著影响毕业生起薪的结论。董克用、薛在兴对北京1000名毕业生进行调查研究后，得出英语水平显著影响就业质量的结论。孟大虎等对42所高校的2981份样本进行了分析，得出学习成绩、英语等级证书显著影响就业质量的结论。林欣等研究认为，人力资本对高职院校的学生就业概率、就业意向和就业成本具有重要影响。石红梅等研究发现，人力资本对大学生工资水平和就业单位类型产生正向作用，但对就业的满意度则呈负面影响。秦印研究结果表明：奖学金等级、英语等级等"通识素质"变量对大学生初职薪资等级有显著正向影响，专业资格证书、职业资格证书等"专业技能"变量对大学生初职薪资等级没有显著影响；除英语等级变量外，其他人力资本相关变量对大学生初次就业满意度没有显著影响。

2. 社会资本对大学生就业的影响

国内的一些相关文献在社会资本与大学生就业方面也做了研究，主要从社会资本的培育、就业质量、就业观和就业绩效等方面展开。赵明根据江苏省 8 所院校 2116 份问卷调查数据，对贫困大学生与非贫困大学生的社会资本禀赋与使用状况进行比较分析后发现，贫困大学生的社会资本数量与质量都较低，社会资本的使用机会较少，且通常运用"弱关系"与"低质量"的社会资本来获取就业资源，造成贫困生求职成本增加、就业机会降低以及就业质量不高等新问题。赖德胜等对大学生就业过程中社会资本和人力资本的替代性和互补性进行了研究，认为两者在提高就业概率和获取就业机会等方面具有不同的特性。钟云华等基于韦伯的"理想类型"分析视角，采用叙事研究，分析了大学生求职过程中人力资本与社会资本的影响"孰强孰弱"和"互动关系"两个问题。研究发现，大学生拥有人力资本与社会资本结构的"理想类型"有 5 种：人力资本与社会资本双低型、高社会资本型、高人力资本型、人力资本与社会资本双高型、人力资本与社会资本一般型。大学生求职"嵌入"自身的资本结构之中，人力资本与社会资本对其求职影响的强弱一定程度上由其资本结构决定。5 种"理想类型"中，人力资本与社会资本对大学生求职的影响分别是两者皆弱、社会资本强、人力资本强、两者皆强和时强时弱。大学生也会根据求职场域进行策略性资本互动以打破既有资本结构对自身求职活动的制约。5 种"理想类型"中，人力资本与社会资本的互动关系分别为互相抑制、高替代低、低替代高、嵌入共生和彼此转化。薛在兴对北京 14 所高校毕业生的问卷调查实证分析了社会资本对就业质量的影响。他认为社会资本的作用是间接性和联合性的，其对就业质量的影响存在"跷跷板"效应。赵建国等从大学生求职行为、家庭背景等方面，以大连市高校毕业生就业的问卷调查为基础，实证分析了社会资本对就业质量的影响。陈静从就业场域视角出发，对就业中的社会资本培育进行了研究。钟秋明、郭园兰研究了社会资本对大学生就业观的影响，提出高校要实施好创新就业教育。孔高文等研究了家庭社会资本等因素对毕业生就业的地域选择以及工作回报的影响。宋国恺等基于地位获得理论，研究了家庭、人力资本和政策对北京部分应届大学毕业生基层就业意愿的影响。陈宏军等研究了社会资本与就业绩效之间的关系，认为两者之间关系显著，社会资本确实能够缩减就业成本。钟云华研究了社会资本对大学生就业的负面效应，针对如何优化社会资本结构，缩小社会资本的非对称性提出了建议。

3. 政治资本对大学生就业的影响

目前，学术界对政治资本对大学生就业的影响研究较少，有部分研究父母的政治资本对子女教育的影响。郑洁研究发现：大学毕业生在选择工作、考研时不仅仅从个人角度考虑，而是会综合考虑家庭背景和家庭的社会地位；父母的学历水平和社会地位越高，子女越不急于工作而更倾向于选择考研；家庭背景越差、父母社会地位越低的子女更倾向于选择就业。马良等认为，父母的政治资本不但对子女考研意愿有正向影响，而且随着父母的受教育层次和收入情况不同产生的作用也不同，父母受教育程度或职业阶层越高，子女毕业后考研的意愿越强。还有一些学者研究父母的政治资本对大学生创业决策的影响，如李雪莲、马双等研究发现，有职位的公务员家庭显著增加了创业概率。张瀚月研究表明：父母政治资本对个体创业决策有影响，且城市中父母政治资本对子辈创业决策影响较大；在父母政治资本对子辈创业决策的影响中，信任起中介作用；父母政治资本对子辈创业决策的影响的动机存在隔代寻租的可能。

4. 政策支持对大学生就业的影响

国家鼓励大学生到基层、边远地区就业的政策最早可以追溯到 20 世纪 40 年代。毛泽东同志在《五四运动》《青年运动的方向》等多篇文章中均提出"知识分子必须与工农群众相结合"的行动口号。1955 年，毛泽东同志发出"农村是一个广阔的天地，到那里是可以大有作为的""知识青年到农村去，接受贫下中农再教育很有必要"的指示，在这一思想指导下，上山下乡运动如火如荼地开展起来。1965 年，中共中央颁布《关于分配一批高等学校毕业生到基层工作的指示》，鼓励高校毕业生"到农村去，到边疆去，到最艰苦的地方去，到党和人民最需要的地方去"。在国家"统包统分"的就业制度下，大学生秉承"我是一块砖，东西南北任党搬"的择业观，积极响应国家号召奔赴全国各地到最需要的地方去就业。

随着计划经济向市场经济过渡，大学生就业政策也朝着"双向选择、自主择业"的方向转变。1983 年，中组部印发《关于选调应届优秀大学毕业生到基层培养锻炼的通知》，提出各省、市、自治区每年选调一批应届优秀大学毕业生到基层进行重点培养锻炼。1995 年，中共中央发布《关于抓紧培养选拔优秀青年干部的通知》，提出为培养青年党政领导干部，需要每年选调大学毕业生到基层进行锻炼。2003 年，高校扩招后的第一批毕业大学生走上工作岗位，随之也拉开了号召大学生到西部、基层去就业的新序幕。为了缓解骤然加大的就业压力，2003 年，国务院办公厅和团中央、教育部、财政部等先后出台了文件，号召和鼓励高校毕业生"到西部去、到基层去、到祖国和人民最需要的地方去建功立业"。此后，从 2004 年起，国家每年都会出台相关政策，进一步鼓励大学毕业生到西部、基层去工作。2009 年，在国际金融危机以及高校毕业生人数比 2008 年增长近 52 万人的严峻就业形势下，中央各部门密集出台了《关于建立选聘高校毕业生到村任职工作长效机制的意见》《2009 年大学生志愿服务西部计划实施方案》《关于做好 2009 年高校毕业生"三支一扶"计划实施工作的通知》等多项政策，进一步鼓励高校毕业生到基层和艰苦地区工作。直到 2016 年，中央九部门出台《关于实施第三轮高校毕业生"三支一扶"计划的通知》，依然明确了"鼓励高校毕业生到基层一线、到中西部地区就业"的导向。

值得肯定的是，这些激励措施对促进大学毕业生到西部、基层就业的确发挥了积极作用。

5. 大学生就业区域选择的影响因素

国内的一些相关文献在大学生就业区域选择的影响因素方面也做了研究，主要从经济因素、社会因素、家庭因素、个人因素等方面展开。学者们从社会的角度研究大学生就业地域的选择时多是分析城市的环境、社会保障制度、教育和医疗水平等因素。路平基于2005—2010年省级面板数据，进一步测算了各地区人均劳动报酬差异对大学生就业区位选择的影响，结果发现收入差距对大学生就业流动的拉动效应显著大于高生活成本的阻力效应。朱生玉基于我国中西部地区10个省份的数据，运用回归分析方法对影响我国大学生就业期望的因素进行分析，结果表明家庭经济背景、学科背景会对大学生的预期收入带来重要影响，继而影响大学生就业区域的选择。符茂实证研究发现，家庭因素影响大学生就业区域流向。子女由于长期受家长在经济和情感上的支持，很容易被家长的态度影响，回报父母的急切心态，以及顺从父母心意的观念，使其在就业的区域选择上缺少独立判断。黄振霞等基于福建省6所高校毕业生的网络问卷调查、数据交叉分析及卡方检验，探析了大学生就业选择中家庭因素的影响及关系显著性。父母职业类型、工作任职、就业期望、就业沟通影响大学生理想职业选择；家庭收入、居住地影响就业起薪期望；家庭关系氛围影响就业地域选择。王璐通过对广西5所高校的少数民族大学生就业情况进行调查分析，发现个人就业观念落后、专业技能不强或缺乏这两方面显著影响着大学生的就业。李光明等通过对浙江省内大学生就业的区域流向调查，发现目标学生考虑的首要因素是个人未来的生活。何仲禹、翟国方搜集了7个城市1600多份调查问卷，通过数据分析发现，大学毕业生选择就业区域时，会以生源地为界限对劳动力市场进行二元划分，生源地等家庭因素对他们来说，在考虑就业的城市影响因素时尤为重要。

（二）发展趋势

国内外学者对大学生就业问题进行了深入研究，这为我们更好地开展大学生留赣就业研究提供了非常重要的指导和借鉴。但目前的研究成果也给我们留下了以下研究空间：

第一，在研究对象上，现有研究大多聚焦大学生在一线城市的就业行为，对大学生在二、三线城市就业的研究较少，而专门分析大学生留赣就业的研究成果更是鲜见。高校毕业生是宝贵的人才资源，是建设富裕美丽幸福现代化江西的重要力量，因此，系统地研究江西高校大学生留赣就业的意愿（行为）的影响因素，从而为提升毕业生留赣就业率，为政府制定和完善大学生留赣就业的支持政策提供有价值的参考。

第二，在研究视角上，现有文献对政治资本影响大学生就业的研究关注不够，且均考察父母的政治资本对大学生就业的影响，而没有分析大学生的政治资本对自身就业的影响。

第三，在研究内容上，现有研究仅单独考察个体特征、人力资本、社会资本、政治资本等因素对大学生就业意愿与行为的影响，而缺乏对各因素之间相互关系与层次结构的进一步研究，也缺乏对大学生就业意愿与行为的一致性分析。只有当大学生就业的意愿与行为一致时，意愿才成为行为的有效预测指标，也只有就业意愿和就业行为一致的大学生，才会真正地留赣就业。因此，考察大学生就业意愿和就业行为之间的一致性具有非常重要的现实意义，有利于更准确地用就业意愿的数据来预测就业行为。

第四，在扶持政策方面，现有促进大学生就业的扶持政策大多数是自上而下的，缺乏基于大学生需求角度的考察。

三、研究的问题与内容

（一）研究的问题

本研究考察江西高校大学生留赣就业意愿（行为）及意愿与行为的一致性的影响因素，分析各因素的作用大小、方式及内在机理，特别是政策支持的作用绩效，优化江西高校大学生留赣就业的政策扶持机制。拟解决的核心问题有：

第一，考察政策支持、个体特征、人力资本、社会资本、政治资本、职业价值取向对江西高校大学生留赣就业意愿（行为）影响大小、方式及内在机理，特别是重点考察政策支持对江西高校大学生留赣就业意愿（行为）的作用绩效。

第二，考察影响江西高校大学生留赣就业意愿与行为的一致性的因素，并分析它们之间的关系，从而为提升江西高校大学生留赣就业率，为政府制定更有效的大学生留赣就业的激励政策，实现江西高校大学生留赣就业意愿与行为高度一致提供科学决策参考。

第三，考察大学生对留赣就业扶持政策满意度及需求优先次序，构建江西高校大学生留赣就业扶持机制。

（二）研究的内容

1. 江西高校大学生留赣就业意愿相关概念界定及理论基础

本部分主要厘清江西高校大学生、就业、就业率、留赣就业意愿概念在本研究中的内涵，分析研究的理论基础。

2. 中国式现代化视域下江西高校大学生留赣就业现状分析

本部分在前一部分基础上，分析江西高校大学生留赣就业的概况。

3. 实证研究设计与处理

本部分主要阐释本研究的实证研究的问卷设计与数据收集及处理情况。

4. 江西高校大学生留赣就业意愿（行为）描述性分析

本部分主要基于调研数据，从人口学特征、人力资本、社会资本、政治资本、地方满意度、政策支持维度进行描述性分析。

5. 江西高校大学生留赣就业意愿（行为）差异性分析

本部分主要基于调研数据，运用卡方检验对江西高校大学生人口统计学、人力资本特征进行分析，统计大学生不同的性别、年级、籍贯、就读大学类型、政治面貌、专业、学历层次在留赣就业意愿上的差异性情况。

6.江西高校大学生留赣就业意愿（行为）相关性分析

本部分主要基于调研数据，从人口学特征、主观期望、人力资本、社会资本、政治资本、地方满意度、政策支持变量进行相关性分析，探析留赣就业意愿的影响因素。

7.江西高校大学生留赣就业意愿及其影响因素的层次回归分析

本部分主要基于调研数据，从人口学特征、主观期望、人力资本、社会资本、政治资本、地方满意度、政策支持变量进行回归分析，探析江西高校大学生留赣就业意愿各影响因素作用大小、方式及内在机理，特别是重点考察政策支持对江西高校大学生留赣就业意愿（行为）的作用绩效。

8.江西高校大学生留赣就业案例分析及经验总结

本部分采用深入访谈法，旨在通过对现有的、具有代表性的大学生留赣就业典型进行案例研究，分析影响大学生留赣就业的一些关键因素，总结大学生留赣就业的成功经验。

9.江西高校大学生留赣就业扶持机制设计

结合前面对江西高校大学生留赣就业意愿（行为）及意愿与行为的一致性影响因素分析，以及江西高校大学生对留赣就业扶持政策满意度及需求优先次序，在案例研究的基础上，优化设计江西高校大学生留赣就业扶持机制。

四、研究思路与方法

（一）研究思路

本研究坚持以马克思主义世界观和方法论为指导，遵循"从理论到现实，从现实再上升为理论"的逻辑思路，以学理研究、案例研究、现实审视、实证验证、形成策略环环相扣开展研究。本研究基于江西省省情、毕业生留赣实证调研，分析毕业生留赣就业的影响因素，提出促进高校毕业生留赣就业的对策、建议。

（二）研究方法

1. 文献研究法

对毕业生就业、人力资本、社会资本、政治资本、政策支持相关概念予以界定，对相关文献进行综述，梳理相关研究思路、研究内容、研究方法与研究结果等，为本研究奠定一定的基础。

2. 问卷调研法

（1）问卷的编制。根据研究的目的，结合已有人力资本、社会资本、政治资本研究文献，以及江西促进高校毕业生就业创业的政策文件，自编"江西省高校大学生留赣就业意愿（行为）影响因素调查问卷"。

（2）通过问卷调查收集江西高校毕业生留赣就业意愿及影响因素相关数据，共计回收 11641 份问卷，剔除答案相同、填写不完整的问卷，最终获得有效问卷 10139 份，样本的有效回收率为 87.1%。受访者中，男生占比 46.39%，女生占比 53.61%；江西籍生源占比 70.04%，非江西籍生源占比 29.96%；独生子女占比 21.79%；高年级（大三、大四、研二、研三）学生占比 50.8%；有在赣实习经历的学生占比 34.99%；喜欢在江西生活的学生占比 73.21%。样本特征符合在赣高校大学生实际，具有典型性和代表性。

3. 座谈访谈法

（1）座谈提纲编制及实施。根据研究目的，对高校就业部门工作人员的座谈提纲主要包括对留赣就业的看法、已有留赣就业的做法、已有留赣就业典型案例、目前留赣就业工作的困难等。

对江西财经大学、华东交通大学、南昌工程学院、南昌大学等进行了调研，与部分大学就业处工作人员进行了座谈，了解相关情况。

（2）访谈提纲编制及实施。本研究采用半结构式访谈的形式，主要围绕大学生的个人基本信息、是否打算留赣就业、是否了解留赣就业的政策、哪些因素影响留赣或不留赣就业等与江西高校 15 位毕业生进行一对一访谈。访谈基本情况见表 1- 绪 -1。笔者对受访者的姓名、学校均予以了编号处理。

表 1- 绪 -1 访谈基本情况

姓名	性别	学校	生源	专业
S1	女	H 大学	江西籍	外语
S2	女	H 大学	非江西籍	会计
S3	女	JC 大学	江西籍	人文
S4	男	NC 大学	非江西籍	计算机
S5	男	NC 大学	非江西籍	通信
S6	女	NC 大学	江西籍	计算机
S7	女	W 学院	江西籍	护理
S8	女	W 学院	江西籍	中医
S9	男	G 大学	江西籍	化学
S10	男	G 大学	江西籍	土木
S11	女	NH 大学	非江西籍	法学
S12	女	NH 大学	非江西籍	经济学
S13	男	JS 大学	非江西籍	教育学
S14	男	JS 大学	江西籍	数学
S15	男	JN 大学	江西籍	农学

五、小结与展望

国内外学者对大学生就业问题进行了深入的研究，这为我们更好地开展大学生留赣就业研究提供了非常重要的指导和借鉴。在研究对象上，本研究专门分析江西高校大学生留赣就业，进行大样本调查，系统研究江西高校大学生留赣就业意愿（行为）的影响因素，从而为提升毕业生留赣就业率，为政府制定和完善大学生留赣就业的支持政策提供有价值的参考。在研究视角上，本研究从人力资本、政治资本、社会资本、主观期望、地方满意度等分析对大学生就业的影响。在研究内容上，本研究对各因素之间的相互关系与层次结构进行系统性研究。在扶持政策上，本研究基于大学生需求角度进行考察，提出对策、建议。

第一章
相关概念界定及理论基础

就业是民生之本，更是中国式现代化视域下实现共同富裕的劳动实践。本研究以江西高校大学生留赣就业意愿为研究对象，必然要在理论上对江西高校大学生、就业、留赣就业及留赣就业意愿等进行范畴界定，以明晰研究的边界。同时，深挖经典理论的智慧成果以支撑本研究。

第一节　相关概念界定

一、江西高校大学生

本研究的对象是江西高校大学生留赣就业意愿，研究所指的江西高校大学生，具体是指在江西各类普通高等院校就读的大学生（办学性质包括公办学校、民办学校，办学层次包括本科层次大学及学院、高职高专院校），既包括江西籍的在赣高校就读大学生，也包括非江西籍的在赣高校就读的大学生，学历涵盖专科、本科及以上。为了调研的实效性及便利性，已经获取毕业证离校的毕业生不在本研究范围内。

二、高校大学生就业

就业指在法定年龄内有劳动能力和劳动愿望的人所从事的为获取报酬而进行的活动。因此，就业是劳动力在生产过程中得到使用，获得相应报酬和社会保障的经济活动状态。从经济学的角度来看，就业的本质是指生产资料与人结合后的生产劳动。从个人的角度来看，就业是每一个劳动者生存的经济基础和基本保障，也是其融入社会、共享发展成果的基本条件。从用人单位角度来看，就业是找到合适的人才，以推动本单位的生存发展。从政府的角度来看，就业是实现双方需求的共同满足，进而促进社会经济的健康发展。

高校大学生就业是指高校大学生在高等教育机构获得相应学历和专业技能后，通过求职或创业等方式进入社会，从事经济活动并获得报酬的过程。高校大学生具有良好的教育背景和专业技能，是劳动力市场中的重要力量。高校大学生就业与国家经济发展和人才培养战略密切相关，是推动社会进步和个人发展的重要环节。高校大学生就业形式多样，既可以选择从事行政、教育、科研、金融、传媒等不同领域的工作，也可以自主创业或继续深造。

高校大学生就业统计有两次：一次为毕业当年截至8月份的数据，称为毕业生初次就业率；一次为毕业当年截至12月份的数据。初次就业率是指毕业生在离校前已落实就业单位的比率，就业形式包括协议就业和合同就业、自主创业、灵活就业、升学等。本研究高校大学生就业是指毕业生初次就业统计。

三、留赣就业意愿

就业意愿是指一个人在特定时间和条件下进入劳动力市场并从事一种职业或工作的愿望程度。就业意愿通常受多种因素的影响，如个人的教育背景、专业技能、兴趣爱好、家庭背景、收入水平、就业机会等。在不同的社会背景和制度环境下，就业意愿可能会发生变化，需要综合考虑各方面因素，从而实现最优的匹配结果。

留赣就业意愿是指大学生留在江西就业的愿望程度。留赣就业意愿的内涵包括以下几个方面：

第一，对江西本地资源和发展前景的认知程度。留赣就业意愿受到个人对江西当地资源和产业发展前景的了解和认知程度的影响。

第二，对江西生活和工作环境的满意程度。留赣就业意愿受到个人对江西生活和工作环境的满意程度的影响。

第三，对江西工作机会和职业发展的认知和评估。留赣就业意愿受到个人对江西当地工作机会和职业发展前景的认知和评估的影响。

第四，个人家庭背景和社会关系的影响。留赣就业意愿受到个人家庭背景和社会关系的影响。

综上所述，留赣就业意愿的内涵是多方面的，需要在个人、组织和社会层面进行综合考虑和分析。

第二节　理论基础

一、马克思"现实的人"理论

"现实的人"是马克思主义关于人的认识的科学理论，提供了认识人及其生命活动的根本立场和科学方法。在哲学史上，马克思"现实的人"的视角转向奠定了马克思历史唯物主义的根本前提。"现实的人"理论，为本研究提供了根本的思想方法与认识论视角。

"现实的人"是有着四维生命的处在一定社会关系中的发展着的人。"他们是什么样的，这同他们的生产是一致的——即和他们生产什么一致，又和他们怎样生产一致。"这里"怎样生产"内含着社会生产关系。因此，"现实的人"不是"鲁滨逊式"的原子式个人，而是在一定社会关系中的人。

每个人都在个人与他人的生命活动中确证自己的存在。事实上，人天然地生活在一定的社会关系中，而这种社会关系又是具体的、历史的、不断实践发展着的。生命从哲学上看，是物理生命、亲缘生命、社会生命、精神生命的统一体。高校大学生在有血有肉的物理生命的时间一维性中，经营着亲缘生命，在此基础上，进入社会选择一个职业构筑自己的社会生命，追寻着精神生命。因此，处在社会关系中发展着的人应是思考高校大学生留赣就业意愿的一个现实出发点。

"现实的人"是在践行四维生命中追求不同层次需要的人。"他们的需要即他们的本性。"这里的需要有着 3 个层次：一是生存性需要，即物质需要。"人们从事的第一种劳动是满足自身生存的劳动，人们首先要满足吃、喝、住、穿的需要。"作为物理生命和亲缘生命的"现实的人"，只有实现能够生活下去，才有可能创造更丰富的历史。二是发展性需要，即社会需要。"已经得到满足的第一个需要本身、满足需要的活动和已经获得的为满足需要而用的工具又引起新的需要。"这种新的需要就包含对归属、名誉等丰富多彩的需要。作为社会生命的"现实的人"，进入社会不断确证自己的本质力量，为社会地位、为发展资料而斗争。当然，这种发展性需要的满足取决于与个人直接或间接联系的人。三是实现崇高理想，即人的全面自由发展的需要。作为精神生命的"现实的人"把劳动作为第一需要，致力于实现人生理想，即追求满足个性发展的需要。在此，生存性需要是维持肉体生存的天然需要，是基础，发展性需要是确证人的本质力量的需要，当一种发展性需要得到满足后，会产生新的更高层次的发展性需要，继而螺旋上升为实现崇高理想的需要。因此，有着不同层次需要的"现实的人"应是思考高校大学生留赣就业意愿的又一现实出发点。

"现实的人"是有着"现实的个人"的感性意识与群体意识的人。感性意识是"现实的个人"对其他人、其他物的意识。"意识起初只是对直接的可感知的环境的一种意识，是对处于开始意识到自身的个人之外的其他人和其他物的狭隘联系的一种意识。"这种感性意识的另一面是群体意识。无论"现实的个人"的感性意识还是群体意识都是在实践基础上的意识。人们的意识是在实践基础上的个人意识及群体意识的统一体。

二、人力资本理论

美国经济学家舒尔茨于 20 世纪 60 年代提出了人力资本理论。人力资本是指人所拥有的知识、技能、体力（健康状况）等质量因素之和。人们可以通过投资教育、培训、健康等来提高自己的人力资本存量。人力资本是一种人格化的知识和技能，将使其拥有者在劳动力市场中能够获得更高的收益和回报。从 20 世纪开始，人力资本对大学生就业的影响已经引起了国内外学者的广泛关注。高等教育投资的数量和质量将直接影响人力资本水平的高低。较高的人力资本水平可以带来更高的劳动生产率，因此，人力资本水平较高的高校毕业生更容易得到劳动力市场的青睐。借鉴美国经济学家舒尔茨和国内学者岳昌君、吴春芳等人关于人力资本的概念，本研究将大学生的人力资本界定为大学毕业生个体所拥有的，通过学校教育和社会实践所形成的具有社会经济价值的知识、技能和健康等要素的总和。我们可进一步将大学生人力资本区分为学术性人力资本和实践性人力资本。

三、社会资本理论

布迪厄是最早对社会资本进行初步分析的学者。他认为，社会资本就是实际的或潜在的资源的集合体，那些资源是同对某些持久的网络的占有密不可分的。詹姆斯·科尔曼指出，蕴含某些行动者利益的事件，部分或全部处于其他行动者的控制之下。林南通过对社会网的研究提出了社会资源理论，并在此基础上提出了社会资本理论。林南认为，社会资本是"投资在社会关系中并希望在市场上得到回报的一种资源，是一种镶嵌在社会结构之中并且可以通过有目的的行动来获得或流动的资源"。罗伯特·帕特南将社会资本从个人层面上升到集体层面。帕特南认为，社会资本是一种团体的甚至国家的财产，而不是个人的财产。边燕杰通过实证研究证明：

求职者经常通过强关系而非弱关系寻求工作渠道；直接和间接关系都用来获取来自分配工作的实权人物的帮助；求职者和最终帮助者与中间人双方都是强关系而非弱关系，中间人与求职者和最终帮助者的关系越熟，则最终帮助者的资源背景越高，对求职者的工作安排也越有利；求职者使用间接关系比直接关系更可能得到较好的工作。由于社会资本可以通过制度化的社会网络关系直接或间接地为使用者获取利益，因此，社会资本能够在高校毕业生就业过程中起到重要作用。

在大学生就业流向问题上，徐晓军指出，社会资本在大学毕业生的求职过程中发挥作用的空间将越来越大。沈悦萍直接讨论了社会资本与大学生就业的问题，指出随着市场经济的不断深入、就业体制的不断推进，社会资本即毕业生拥有的社会网络、信息网络在大学生求职的过程中发挥出越来越明显的作用。丁小浩讨论了社会关系网络对高校毕业生求职的影响。笔者认为，以家族为核心的中国社会文化传统决定了中国社会资本主要来自家庭关系网络，大部分的社会关系在本质上是血缘关系和姻缘关系的延伸和扩展，并且在很大程度上具有可继承性。鉴于此，本研究把大学生家庭资本作为社会资本的代理变量，并进一步区分家庭资本为家庭社会性资本和家庭经济性资本。

四、政治资本理论

"政治资本"这一概念首先出现在社会学家对中国经济社会转型时期的研究中。边燕杰等人认为，政治资本是通过党政权力带来的政治和社会身份优势，从而形成职位震慑力和地位的影响力。丁栋虹等人把政治资本当成社会资本的一种体现。本研究借鉴上述学者对政治资本的定义，把党员和学生干部身份作为衡量大学生政治资本的指标。

五、理性选择理论

理性选择理论运用经济学方法研究社会问题，成为社会学重要的理论成果之一。理性选择理论既继承了古典经济学家亚当·斯密提出的"经济人"概念，又与经济学的经济理性不同。理性选择理论中的"理性"强调为最大限度地获得效益而进行有目的性、有意图的行动，其基本假设是"理性人"假设。理性选择理论提出以来，经过不断修正与扩充，已经被运用到社会生活的各个方面。在现实生活中，人们的理性行为表现往往十分复杂，人的理性行为可分为 3 个层次，即生存理性、经济理性与社会理性。理性人不仅追求经济利益最大化，还追求社会效益最大化。理性人在理性行为过程中需要理性地考虑对其目的有影响的各种因素，其中多种因素是相互制约的。因此，理性人只能在众多因素的权衡中寻求一个"满意解"，无法达到最优。国内学者近年来将理性选择理论引入对中国诸多社会现象研究分析领域，取得了不错的效果。本研究引入理性选择理论来分析大学生留赣就业行为。

本章小结

人的现代化是现代化的前提、基础、条件。党的二十大报告将教育强国、科技强国、人才强国作为一个整体提出，充分凸显了中国式现代化人的主体性地位。高校大学生就业与国家经济发展和人才培养战略密切相关，是推动社会进步和个人发展的重要环节。论证江西高校大学生留赣就业意愿既是宏观社会发展的现实问题，也是大学生个人发展的价值考量。本章首先厘清了江西高校大学生、就业、高校大学生就业、留赣就业意愿等概念，接着论述了研究江西高校大学生留赣就业意愿的理论基础。研究江西高校大学生留赣就业意愿应遵循马克思"现实的人"理论，研究切入点为人力资本理论、社会资本理论、政治资本理论、理性选择理论。

第二章

中国式现代化视域下江西高校大学生留赣就业现状分析

第一节 中国式现代化与江西高校大学生留赣就业

中国式现代化是江西推动高校大学生留赣就业工作的历史定位。"就业"一词在党的二十大报告中被提及高达 19 次，这充分体现了党和政府对就业工作的高度重视。党的二十大报告明确指出了在推进中国式现代化进程中就业工作"怎么看""怎么办""怎么干"三个关键问题。推进江西高校大学生留赣就业工作理应在中国式现代化的理论框架、历史方位、实践逻辑中探究"怎么看""怎么办""怎么干"的问题。

一、怎么看：对江西高校大学生留赣就业的认识与定位

"怎么看"涉及对江西高校大学生留赣就业的认识问题、定位问题。江西省人民政府发布的《江西省国民经济和社会发展第十四个五年规划和二〇三五年远景目标纲要》明确指出："'十四五'时期,是我国'两个一百年'

奋斗目标承前启后的历史交汇期，是我省与全国同步全面建设社会主义现代化的开局起步期，也是我省在加快革命老区高质量发展上作示范、在推动中部地区崛起上勇争先的关键跨越期"，"坚持人才优先发展，加快各层次人才培育引进，完善引才聚才育才用才政策体系，努力培养造就一支结构合理、素质优良的创新创业人才队伍"。

（一）现代化江西建设中的人才需求现状

2021年发布的《江西省人力资源和社会保障事业发展"十四五"规划》指出："'十三五'时期全省人社事业的持续快速发展，有效增进了民生福祉，有力服务了经济社会发展大局，为江西与全国同步全面建成小康社会作出了积极贡献，也为'十四五'时期人社事业高质量发展奠定了坚实基础。"2022年，江西省人力资源和社会保障厅发布《江西省"2+6"重点产业急需紧缺人才目录》，围绕电子信息、有色金属、装备制造、汽车、石化、建材、纺织、食品等8个重点产业，发布642个急需紧缺人才岗位。调查数据显示，江西省各重点产业都不同程度上存在人才缺口，特别是对技能人才的需求十分迫切。

（二）现代化江西建设中的人才引进、培养、留存现状

1. 引才难

随着现代化建设的推进，各省都认识到人才的关键作用，纷纷出台优惠政策吸引人才，出现城市间的"人才争夺战"。2015年1月，以杭州市出台《关于杭州市高层次人才、创新创业人才及团队引进培养工作的若干意见》为标志，"人才争夺战"由此拉开序幕。2016年12月，深圳市出台《深圳市人才引进实施办法》，开启了一线城市加入"人才争夺战"的先例。虽然2022年江西、福建GDP增速并列第一，但从总体上看，江西省的经济实力远远落后于周边的湖北、湖南、福建，引才实力不强。

在开放、透明、信息化的劳动力市场，人才流入工资水平高的劳动力市场所需成本大大降低，且与江西毗邻省份均加大了对人才的引进力度。如浙江绍兴市上虞区给予博士50万、硕士30万、本科20万的购房补贴；

武汉市引进人才按照全日制博士研究生（含正高级职称）20000元/人，全日制硕士研究生（含副高级职称）10000元/人，全国"双一流"建设高校或原"211"工程高校全日制本科生5000元/人标准给予一次性安家费补贴，对全日制博士研究生（含正高级职称）、全日制硕士研究生（含副高级职称）、全国"双一流"建设高校或原"211"工程高校全日制本科生，分别按照每人每月1500元、1000元、800元标准发放人才津贴，补贴期为5年；广州市番禺区规定缴纳个人所得税满1年且在番禺区范围内购买首套住房的，一次性给予不超过50万元（税前）的购房补贴，而租房则按租金的50%给予补贴（上限不超过1500元/月），补贴期为2年。

相对于毗邻省份，江西经济发展及工资水平处于弱势地位。因此，劳动力市场存在的地区性收入分配不平衡现象诱使人才向周边省份聚集。

2. 大学生就业外流严重

2018年，江西52.26%的毕业生流向省外就业；2019年，江西48.68%的毕业生流向省外就业；2020年，江西44.67%的毕业生流向省外就业。广东省、浙江省和上海市成为吸引江西毕业生的就业高地。从总体数据上看，2019年以来，江西毕业生外流就业比例在逐年缩小，但留赣就业增量主要体现在专科层次的毕业生中，本科、研究生层次的毕业生净流出形势依然严峻，且省内重点发展的6大优势产业留才揽才乏力。

《2021年中国大学生就业报告》显示，与31个省区市相比，2019—2021年全国高校毕业生本省居留率分别为77.5%、74.1%和76.2%，而江西为51.32%、55.33%、57.65%，分别低了约26、19、19个百分点。2021年，江西也低于中部地区74.3%16个百分点。相应地，2019—2021年，江西高校毕业生流出流入之差即净流入分别为-6.4万人、-5.8万人和-7.2万人。2021年，在31个省区市中，江西与湖南（-8.3万人）、湖北（-8.4万人）位列末3位。从高校毕业生留市率看，2019—2021年，全国高校毕业生本市居留率分别为58.8%、50%和54.4%。2021年，全国36个重点城市高校毕业生居留率，重庆（76.7%）、深圳（75%）、沈阳（66.6%）、成都（63.9%）、西安（62.8%）分别位居前5,南昌（51.3%）、贵阳（50.5%）、厦门（49.2%）、兰州（45.9%）位居末4位。

综上所述，与31个省区市相比，第一，2021年江西省高校毕业生留赣就业率低于全国均值19个百分点,低于中部省份均值16个百分点;第二，2021年江西净流入高校毕业生为−7.2万人，居31个省区市末3位；第三，2021年南昌高校毕业生留市率为51.3%，在全国36个重点城市中位居末4位。因此，尽管2019—2021年江西省教育厅和全省高校完成了省委、省政府提出的"留赣就业比例超过50%"的计划，留赣就业工作取得了很大成绩，但留赣就业率依然较低，还有较大提升空间。

（三）江西高校大学生留赣就业意愿

就业事关大学生对幸福生活的追求。什么样的岗位是好的岗位？哪个城市是理想的就业地域？大学生对这些问题的回答是一个受主观、客观影响的价值判断问题。笔者通过学校就业部门推荐等方式，采访了15位即将毕业的大学生。访谈结束后，笔者整理出了8.4万字的文字资料，并采用由Glaser和Strauss于1967年创立的扎根理论研究方法，对资料进行分析，进行三级编码。笔者借助软件对访谈文本逐句分析，遵循质性研究范式，对资料进行三级编码分析。第一轮是开放式编码，对留赣就业的相关语词、概念进行标记；第二轮是轴心式编码；第三轮是选择式编码。

1.留赣就业的主观影响因素

开放式编码显示，15位毕业生谈及最多的影响留赣就业的主观因素包括是否喜欢在江西生活、是否熟悉江西环境、是否方便照顾家人等。

我会选择留赣就业，因为江西是我的家乡，我更加熟悉江西的企业和政策，知道哪些岗位缺少人才。我愿意为建设家乡贡献自己的力量，渴望看见家乡在发展的道路上越走越顺畅。我将带动鼓励更多的人才来到江西，带动江西的发展，也将自己的发展融入江西的发展。（S3）

我会留在家乡工作，因为我在这里生长、学习、成长，这里是我熟悉、亲近的地方。留在家乡工作，会让我感受到更深厚的亲情和友情，也有更多的机会和平台展示自己。留在家乡就业，对我来说更是一种责任和担当。我希望能够在这里努力工作，做出自己的成绩和贡献，让南昌变得更加繁荣和美好。（S14）

来这里读书没有想过要在这里就业，因为在这里就业意味着我要继续在这里生活下去。虽然现在交通便捷，通信比较发达，但毕竟远离父母，不能回到他们身边，父母也不支持我留在这里。一是因为女孩子嘛，离家太远没有照应，父母不放心；二是因为我是家里的独生子女，也要考虑父母的感受吧！（S12）

在江西就业不大可能吧！我是外地人，不熟悉这里的环境，也不大适应和喜欢这里的饮食。妈妈希望我考研究生回南京，我从小就比较恋家，还是想日后跟家人在一起。（S2）

我是土生土长的江西人，也喜欢我的家乡，但是人嘛，总想有更大的天地。考大学没有考到外省，希望毕业找工作能到外面去闯闯吧！（S15）

2. 留赣就业的客观影响因素

开放式编码显示，15位毕业生谈及最多的影响留赣就业的客观因素包括人脉资源、工资待遇、发展空间、政策等。

在江西读书认识了一些朋友，可以帮助我在教育行业找一份工作。回家也没有很好的资源，我打算留在江西工作。（S13）

近年来，江西一直保持着良好的发展态势，特别是一些重点产业链以及驻地的人社部门与高校密切联系，给毕业生提供了很多就业机会。（S4）

我认为江西拥有良好的自然资源和发展环境，同时政府也一直在加大对重点产业和创新创业的支持力度，这为毕业生提供了广阔的发展空间。（S10）

我想留在江西就业，因为家是江西的。在江西，我这个专业能就业的企业发展得也还行，我想在家乡找份工作。（S9）

计算机行业技术更新太快，我们要赶在35岁之前做出一番成绩。江西这边还没有这样的平台，都是些一般性的公司，待遇也不高，我希望毕业

后能到上海、广州这些大城市拼一拼，暂不会考虑留在江西就业。我父母非常民主，也没有反对，让我自己做主。（S6）

二、怎么办：江西高校大学生留赣就业的目标

"怎么办"涉及对江西高校大学生留赣就业工作目标的设定。实现高质量充分就业，是实现全体人民共同富裕的中国式现代化必须要达到的目标。《江西省"十四五"就业促进规划》明确指出："就业是民生之本、财富之源，是人民追求美好生活的最基本支撑。'十四五'时期，实现更加充分更高质量就业，是推动高质量发展、全面建设社会主义现代化国家的内在要求，是践行以人民为中心发展思想、扎实推进共同富裕的重要基础。"

（一）从概念提出到目标设定

留赣就业经历了从概念提出到具体留赣就业率设定的一个实践探索过程。2019年，时任省长易炼红提出，要强化创新支撑引领，加快产业结构优化升级，围绕推动制造业高质量发展，注重利用技术创新和规模效应形成新的竞争优势，加快构建具有江西特色的现代化产业体系，重塑江西制造辉煌，把力争高校毕业生留赣比例超过50%与实施急需紧缺高层次人才引进等工程，设立人力资源服务产业基金，推进中国（南昌）人力资源服务产业园建设等举措并行。2020年，他指出，高校毕业生留赣比例首次突破50%，达51.32%，2020年要稳定提升高校毕业生就业率和留赣比例。2021年，他指出，要激发人才创新活力，出台更具凝聚力的人才政策，实施赣籍人才回归工程、新时代"赣鄱工匠"培育工程，培育本土高层次人才100名，引进"高精尖缺"高层次人才100名、高层次创新团队10个；要推进青年发展规划实施试点，提高高校毕业生留赣来赣比例；要健全以创新能力、质量、实效、贡献为导向的科技人才评价体系，完善科研人员职务发明成果权益分享机制，让创新激情竞相迸发、热流奔涌。2023年，省长叶建春提出2023年高校毕业生留赣率提高到59.96%的目标。

（二）从政策工具到政策工具包

政策工具是指政府或其他公共机构用来实现政策目标的手段和方法。江西省发布的《关于进一步扩大开放推动经济高质量发展的若干措施》对落实江西高校大学生留赣就业提出政策规定，要求省内高校毕业生和职业院校毕业生要重点安排在省内机构和企业实习，引导毕业生在省内就业。该文件要求对省内高校和职业院校毕业生在省内就业占比进行考核。之后，江西为解决留赣就业这一特定问题而出台了一系列政策措施，形成促进留赣就业的政策工具包。2019年4月，江西省教育厅印发的《关于认真做好我省2019届高校毕业生留省就业创业工作的通知》指出："高校毕业生是宝贵的人才资源，是建设富裕美丽幸福现代化江西的重要力量。"该文件把毕业生留省就业占比超过50%作为奋斗目标，为达成这一目标任务提出了以下具体政策举措：

1.提高思想认识，牢固树立促进高校毕业生留省就业创业的大局意识和责任意识

各高校要按照"创新引领、改革攻坚、开放提升、绿色崛起、担当实干、兴赣富民"工作方针的要求，充分认识促进高校毕业生留省就业创业的重要性，把促进更多高校毕业生留省就业创业作为事关江西全面振兴发展的战略举措，认真思考、积极谋划、统筹协调、强力推进。

2.积极主动作为，建立健全促进高校毕业生留省就业创业工作机制

把促进毕业生留省就业创业纳入目标管理考核范围，明确责任分工，形成全员参与、奖惩分明的工作机制。省教育厅将把此项工作成效纳入下一轮就业工作评估指标体系，以就业工作评估为抓手，促进高校毕业生留省就业创业。

3.统筹协调推进，推动高校形成就业与招生培养联动机制

着力推动江西高校形成就业与招生计划、人才培养联动机制，加大专业优化调整力度，坚持以市场需求为导向，使专业设置更加符合市场的需求，以产业结构调整带动学科专业结构调整；进一步完善校企合作机制，

搭建校企合作平台，开展"订单培养""企业（校外）实训基地"等校企合作方式，整合资源共享共建，实现高校与企业在人才培养上的无缝衔接。

4. 对接岗位信息，开展形式多样的校园招聘活动

各高校要结合办学层次和毕业生专业类别、求职意向等特点，加强与人社部门沟通协作，深入省内产业园区、重点企业，积极挖掘适合江西高校毕业生的就业岗位；集中组织各类省内企业进校园开展专项招聘活动，优先满足省内企业用人需求，积极引导高校毕业生留省就业；充分利用高校毕业生求职相对比较集中的时间段，开展毕业生就业服务月、服务周等活动，分层次、分类别举办全省性的高校毕业生就业专场招聘会及第二届赣鄱名企专场人才招聘会。

5. 确立目标导向，通过强化督查考核达成目标任务

为完成 2019 届高校毕业生留省就业占比超过 50% 的工作目标，各高校要在 2018 届毕业生留省就业数据的基础上平均提高 3 个百分点。为此，省教育厅将会同省人力资源和社会保障厅、省财政厅推进高校毕业生留省就业创业工作，充分发挥就业技能培训等各项扶持高校毕业生就业创业政策的作用，并强化督查考核，考核结果将纳入下一轮就业工作评估指标体系。

6. 加强宣传引导，为高校毕业生留省就业创业营造良好的氛围

加强就业创业政策宣传，通过校园网、新媒体、微信等渠道公布江西高校毕业生就业创业优惠政策，为高校毕业生留省就业提供"一站式"服务，切实提高人才服务效率；积极选树高校毕业生留省就业创业的先进典型，宣传他们的奋斗精神、成长经历和成功经验，发挥榜样的示范引领作用，有效引导高校毕业生为家乡振兴发展建功立业；将省情教育纳入大学生职业发展与就业指导课程建设，让更多的毕业生了解江西、热爱江西、扎根江西，为江西高质量、跨越式发展集聚更多的智力资源。

此后，江西出台了招生就业联动、省情教育、加大创业培训、拓展省内岗位、增加省内基层就业岗位等多种多样的留赣就业创业政策。如《江

西省稳就业三年行动计划（2020—2022 年）》提出 24 条举措稳就业，为留赣就业制定了系统化政策。该文件指出："以市场需求和全省产业结构需求为导向，优化学科专业设置，解决好教育与用人单位需求衔接不畅问题。充分利用'就业指导'和'创业指导'等课程，加强大学生省情教育，鼓励毕业生在省内实习、在园区实习，引导毕业生选择在江西就业、创业。探索建立高校、职业院校和技工院校生均经费与留赣就业挂钩机制。鼓励有条件的地方探索对企业新吸纳高校毕业生稳定就业一年以上的按新吸纳高校毕业生人数给予适当奖励，对留在当地就业的高校毕业生给予适当期限的租房补贴，让更多高校毕业生留赣就业。"

三、怎么干：江西高校大学生留赣就业路径实践

"怎么干"是一个如何落实理念、政策的实践问题。就业是一个系统性工程，既有高校、社会、家庭等"他者"因素，也有就业政策、就业环境、就业机会等客观环境因素，更有大学生就业价值观、就业能力、就业意识、就业行动力等主体因素。此部分探索的就业实现路径主要是从"他者"及客观环境因素视角厘清江西高校大学生留赣就业工作的实践做法。

（一）政策导向下的部门联动

基于上文分析，政策上对促进江西高校大学生留赣就业形成了政策工具包，促使教育、人社、财政、企业等部门联合行动。如增加江西高校大学生留赣就业岗位促留赣就业。在政策性岗位方面，建立了政策性岗位调度机制，加大事业单位招聘高校毕业生的力度，挖掘国有企业的用人潜力，稳定升学规模，开发各类政策性岗位，落实面向应届高校毕业生招录岗位不得低于 40% 的要求。在市场性岗位方面，开展高校访企拓岗促就业专项行动，组织大中型企业、"专精特新"中小微企业和优质人力资源服务机构筛选一批优质岗位，扩大市场性岗位供给。进一步提升大学生创新创业能力，优化大学生创新创业机制，推进创新创业服务平台建设，加大财税、金融相关政策扶持力度，促进大学生创新创业成果转化。大力推动就业思

政建设，举办就业指导公益讲座，帮助高校毕业生了解就业政策，分析研判就业形势，缓解就业心理压力。举办毕业生出征仪式、职业生涯规划大赛，通过"以赛促教、以赛促学、以赛促就业"，进一步强化就业育人成效，让更多高校毕业生留赣就业。

（二）美好生活质量目标下的留赣行动

中国人民要过上美好生活，还要继续付出艰苦努力。发展依然是当代中国的第一要务，中国执政者的首要使命就是集中力量提高人民生活水平，逐步实现共同富裕。2021 年 7 月 1 日，习近平总书记在庆祝中国共产党成立 100 周年大会上庄严宣告，我们在中华大地上全面建成了小康社会。

在这样的历史背景下，江西主要通过以下路径提升留赣就业比例及质量：一是拓宽就业渠道，结合省内现代产业体系建设，创造更多有利于发挥高校毕业生专长和智力优势的知识技术型就业岗位，吸引和引导更多高校毕业生留赣就业。健全激励保障机制，对接省级重大区域发展战略，引导高校毕业生到战略性新兴产业、现代农业和现代服务业以及平台经济等领域就业。助力乡村振兴战略实施，统筹推进"三支一扶"计划等基层服务项目，引导高校毕业生到城乡基层就业。为有意愿、有能力的高校毕业生创新创业提供资金、场地和技术等多层次支持。充分挖掘就业岗位，加大对中小微企业招用高校毕业生税收、社保、就业补贴等支持力度，发挥就业主渠道作用。指导国有企业健全公开、竞争、择优的市场化招聘制度。实施好"三支一扶"计划、农村特岗教师计划、大学生志愿服务西部计划、科研助理等国家高校毕业生基层就业项目。开发一批社区服务、社会组织等我省高校毕业生基层就业项目。支持大学生参军入伍，提高高校毕业生新兵补充比例。用足用好机关事业单位空缺岗位，加大机关事业单位招录招聘力度。二是深化高校毕业生就业服务。健全校内校外资源协同共享的高校毕业生就业服务体系，完善多元化服务机制，将留学回国毕业生及时纳入公共就业人才服务范围。加大就业实习见习组织力度，开展大规模、高质量职业技能培训。加强常态化高校毕业生就业信息服务，精准组织线上线下就业服务活动，开展行业性、区域性、专业性专场招聘，加强户籍地、求职地、学籍地政策服务协同，提高高校毕业生就业市场供需衔接效率。对离校未就业高校毕业生开展实名制帮扶，健全困难毕业生就业援助机制。强化职业生涯教育和就业指导，引导高校毕业生积极理性就业。增强就业创业能力，推进创业教育和创业培训向高校毕业生全覆盖。实施就业见习计划，建设一批毕业生就业见习示范单位。针对高校毕业生，重点加强新兴产业、智能制造、现代服务业等领域岗位培训。吸引留赣来赣就业，全面放开对高校在校生、毕业生的落户限制，优化办事流程。降低高校毕业生生活成本，为符合条件的高校毕业生提供住房保障，进一步为高校毕业生留赣来赣就业创业提供便利条件。

第二节　江西高校大学生留赣就业概况

教育部统计数据显示，截至 2021 年，江西有 106 所普通、职业高校，全国共有 12 个省（自治区、直辖市）的普通、职业高校数在百所以上。从总体上看，江西高等教育资源规模位列全国第 12（见表 1-2-1），有着丰富的高等教育资源。

表 1-2-1　全国高等教育资源分布情况（不含台湾、香港、澳门）

省（自治区、直辖市）	普通、职业高校总数
江苏省	167
广东省	160
河南省	156
山东省	153
四川省	134
湖北省	130
湖南省	128
河北省	123
安徽省	121

续表

省（自治区、直辖市）	普通、职业高校总数
辽宁省	114
浙江省	109
江西省	106
陕西省	97
北京市	92
福建省	89
广西壮族自治区	85
云南省	82
山西省	82
黑龙江省	80
贵州省	75
重庆市	69
吉林省	66
上海市	64
天津市	56
新疆维吾尔自治区	55
内蒙古自治区	54
甘肃省	49
海南省	21
宁夏回族自治区	20
青海省	12
西藏自治区	7

数据来源于 2021 年教育部教育统计数据

一、2020—2021 年江西高校大学生数量

2020 年，江西有博士毕业生 368 人，博士在校生 2754 人，硕士毕业生 12887 人，硕士在校生 49645 人，本科毕业生 134251 人，本科在校生 610232 人。

2021 年，江西有博士毕业生 342 人，博士在校生 3407 人，硕士毕业生 13713 人，硕士在校生 55583 人，本科毕业生 135101 人，本科在校生 656050 人。

从数据上看，江西高校大学生博士研究生数量偏少，无论是本科层次还是研究生层次，从培育规模上看，2021 年比 2020 年都有所增加。

二、近年江西高校大学生就业概况

2014—2021 年，除 2020 年新冠疫情冲击，全省高校毕业生就业率基本稳定在 85% 以上。江西高校毕业生留赣就业率缓慢下降至 2018 年的 47.74% 后，呈逐年提升趋势，至 2021 年达 57.65%。2020 年就业率骤降，江西高校毕业生留赣就业率却同比提高了 4 个百分点。当前，江西高校毕业生就业率稳定在 85% 以上，留赣就业率逐年提升 1—2 个百分点，到 2025 年预计可达 62%。

（一）不同学历层次毕业生就业和留赣就业

从不同学历层次看，第一，全省高职高专毕业生人数占比从 2014 年的 51% 上升到 2021 年的 54%，硕士研究生占比从 3% 上升到 4%，本科生占比从 46% 下降至 43%。第二，近 3 年，留赣就业率与学历层次不完全呈正相关关系。2020—2021 年，本科生留赣就业率最低，高职高专生高于本科生，博士研究生高于硕士研究生。第三，新冠疫情对本科生就业冲击最大，本科生就业率、留赣就业率分别从 2019 年的 84.37%、42.23% 下降至 2020 年的 76.97%、39.12%。硕士研究生就业率、留赣就业率分别从 93.14%、51.24% 下降至 82.34%、47.56%。高职高专生就业率和留赣就业率分别从 81.26%、67.75% 上升至 89.24%、69.07%。第四，2018 年以来，高职高专生留赣就业率实现三连增，直接带动全省高校毕业生留赣就业率实现三连增。

从整体上看，本、专科毕业生依然是高校就业和留赣就业工作的重心，特别是本科毕业生就业率、留赣就业率都较低，应引起重视。

（二）不同学科门类博士研究生就业

第一，2014—2021年，江西医学、工学博士毕业生人数上升较快，其次是理学和农学。理、工、农、医学科门类博士毕业生人数占比大，但江西博士毕业生整体规模小。第二，江西高校博士毕业生就业情况较好。

（三）不同学科门类硕士研究生就业

第一，2014—2021年，江西工学、管理学、医学、教育学、艺术学硕士毕业生人数增长较快。第二，不同学科门类硕士研究生就业率不均衡。2021年，管理学、经济学、工学、农学和教育学硕士研究生就业率均达93%以上，哲学硕士研究生就业率为92.45%，同比增长近30个百分点，农学硕士研究生就业率为88%，艺术学硕士研究生就业率最低，为82.2%。第三，2019—2021年，不同学科门类硕士研究生就业率极差分别为27、28、12个百分点。从整体上看，硕士研究生就业存在不均衡现象，但就业形势整体较好。

（四）不同学科门类本科生就业

第一，2014—2021年，江西高校艺术学本科毕业生增长速度很快，文学本科毕业生则下降很快。2021年，工学、管理学、艺术学本科毕业生人数占比大。第二，不同学科门类本科毕业生就业极为不均衡。2021年，农学本科生就业率最高，为90.78%，法学本科生就业率较低，为76.53%，哲学本科生就业率最低，为57.14%。2019—2021年，不同学科门类本科毕业生就业率极差分别为26、27、33个百分点。第三，新冠疫情对本科生就业率和留赣就业率冲击较大，从2019年的84.37%、42.23%下降至2020年的76.97%、39.12%，低于高职高专生的89.24%、69.07%，就业率首次低于高职高专生。从整体上看，不同学科门类本科生就业极不均衡现象应引起各就业政策主体的关注。

（五）不同专业大类高职高专生就业

第一，医药卫生大类、电子信息大类、财经大类高职高专毕业生增长较快，规模较大，其次是教育与体育大类、土木建筑大类和装备制造大类。

第二，不同专业大类高职高专生就业率较高且相对均衡。2021年，土木建筑大类高职高专毕业生就业率最高，为93.81%，农林牧渔大类、能源动力与材料大类、装备制造大类高职高专毕业生就业率也都达93%以上，新闻传播大类高职高专毕业生就业率最低，为82.89%。2019—2021年，各专业大类高职高专毕业生就业率极差分别为9、12、11个百分点，低于硕士毕业生、本科毕业生极差。第三，新冠疫情对高职高专毕业生就业冲击小于本科毕业生，高职高专毕业生就业率首次高于本科毕业生就业率，2020年、2021年分别高4个百分点和2个百分点。从整体上看，高职高专生就业要适应江西经济社会发展，尤其要适应江西"2+6+N"产业发展对各专业大类的人才规模和质量要求。

第三节　江西高校大学生留赣就业问题分析

当前，江西高校毕业生就业和留赣就业问题既要重视总量问题，更要重视结构性问题。江西高校毕业生学科门类、专业大类、学历层次的人才结构与江西经济社会发展存在不匹配的问题，具体表现为毕业生"工作难找"、用人单位"人才难招"、"慢就业、不就业"等现象。解决江西高校毕业生就业和留赣就业的结构性问题，对解决就业的总量问题具有关键作用。

一、江西高校毕业生留赣就业率依然低

2021年，江西省高校毕业生留赣就业率创新高，达57.65%，但仍低于全国均值19个百分点，低于中部省份均值近16个百分点。2021年，江西净流入高校毕业生-7.2万人，居全国31个省区市末3位。南昌高校毕业生留市率全省最高，为51.3%，但在全国36个重点城市中位居末4位。

二、江西高校大学生就业与留赣就业存在结构性错配

2020年以来，江西高校本科毕业生在不同学历层次中就业率与留赣

就业率最低。江西高校不同学科门类本科毕业生就业率极不均衡，2019—2021年极差高达 26、27、33 个百分点，高于硕士研究生和高职高专生。江西高校本科毕业生就业率、留赣就业率以及各学科门类就业率的结构性问题，应该引起教育主管部门和高校重视。

三、江西高校毕业生支撑省内六大优势产业发展不强

从整体上看，江西高校毕业生在省内六大优势产业就业人数占比从 2019 年的 9.98% 下降至 2021 年的 6.13%，下降 3.85 个百分点。从吸纳高校毕业生产业分布看，新能源、新材料产业就业人数占比近三年逐年提高，分别从 2019 年的 0.12%、0.15% 提升到 0.15%、0.21%，但装备制造、电子信息、中医药反而逐年下降，分别从 2019 年的 1.72%、7.36% 和 0.32% 下降到 2021 年的 0.96%、4.51% 和 0.08%。这种情况与江西"十四五"期间加快构建现代产业体系，大力实施"2+6+N"产业高质量跨越式发展行动的要求相背离，应当引起相关部门的重视。

四、江西大部分设区市人才净流出日趋严峻

从全省高校毕业生就业净流入流出看，南昌市净流入数为 51094 人，净流入百分比为 184.47%，为全省最高。其次是新余市，净流入数为 388 人，净流入百分比为 6.72%。其他 9 个设区市净流入均为负，其中吉安、抚州、上饶较为严重，分别为 −76.70%、−68.66%、−67.21%。

设区市高校毕业生净流失问题与高校、学生和地方政府等政策主体有关，地方政府人才政策起关键作用。

五、江西县（市、区）人才净流出更趋严峻

在全省 6 个省直管县（市）中，高校毕业生净流入的只有共青城市，高达 384.60%，这得益于共青城市高教城建设，每年约 2500 名毕业生在此安家落户、就业创业，为共青城发展注入强劲动力。安福县、丰城市、南城县、

鄱阳县等县（市）高校毕业生净流出的百分比中位数高达−80%，高于全省设区市净流出中位数−62.96%17个百分点。因此，江西高校毕业生在县（市、区）比在设区市净流出更趋严峻，既不利于县域经济社会发展，也不利于乡村振兴战略实施。

本章小结

本章从中国式现代化的时代背景出发，分析了中国式现代化是江西推动高校大学生留赣就业工作的历史定位，分析在推进中国式现代化进程中就业工作"怎么看""怎么办""怎么干"的问题。本章分析了江西高校大学生留赣就业概况，对近几年来不同学历层次、不同学科门类、不同专业大类的江西高校大学生留赣就业数据进行了分析。江西高校毕业生留赣就业率依然低，高校大学生就业与留赣就业存在结构性错配，高校毕业生支撑省内六大优势产业发展不强，大部分设区市人才净流出日趋严峻，县（市、区）人才净流出更趋严峻。

第三章
实证研究设计及数据处理

第一节 问卷设计及说明

本调查问卷主要是调研江西高校大学生留赣就业意愿及其影响因素，由个人基本信息、家庭基本信息、留赣就业意愿及影响因素、留赣就业政策满意度4部分组成。第一部分主要涉及被调查者的人口统计学、人力资本、政治资本相关基本信息，包括性别、生源地、是否独生子女、就读大学层次、学科专业、学历、成绩排名、是否学生干部、是否党员、英语等级考试情况、奖励情况、在赣企业实习情况等。第二部分主要涉及被调查者的家庭基本信息，包括家庭年收入、父母最高学历、父母职业、父母专业技术职称、父母行政级别等社会资本特征信息。第三部分主要涉及留赣就业意愿及影响因素，包括是否愿意留赣就业、父母是否希望留赣就业、是否喜欢在江西生活、对月薪的期待、地方满意度等信息。第四部分主要涉及留赣就业政策，主要包括对留赣就业政策的了解程度、留赣就业政策对留赣就业的作用、留赣就业政策的吸引力等。

经过初步问卷设计、小范围预调研、问卷项目与表述修改，最终形成正式问卷。

第二节　变量定义及测量

一、人口统计学变量

人口统计学变量是研究江西高校大学生留赣就业意愿的基础变量。不同的研究中人口统计学变量选取不同。一般而言，人口统计学变量包括人口基本情况，如年龄、性别、民族、出生地等。本研究设计人口统计学变量的主要目的是对江西高校大学生的背景信息进行统计和了解，以便能够分析样本的合理性以及人口统计学特征对留赣就业意愿的影响。

在以往研究中，Tao Li 和 Juyan Zhang 利用回归分析法研究了性别、生源地等因素对大学生就业择业的影响及影响程度。Maria 和 Pashourtidou 等通过实证研究，得出家庭所在地等是影响大学生就业的关键因素，性别是影响大学生期望收入和实际收入的主要因素，且女性的期望收入和实际收入均要低于男性。

本研究选取性别、生源地、是否独生子女作为人口统计学变量，如表1-3-1 所示。

表 1-3-1　人口统计学变量构成表

变量名称	问题选项
性别	1. 男　2. 女
生源地	1. 江西籍　2. 非江西籍
是否独生子女	1. 是　2. 否

二、主观期望变量

主观期望变量是研究江西高校大学生留赣就业意愿的主观性变量。在访谈及文献资料的基础上，本研究设计主观期望变量的主要目的是对江西高校大学生期望进行统计和了解，以便分析江西高校大学生主观期望特征对留赣就业意愿的影响。

在以往研究中，鲍丁、施加等人提出了心理动力论，认为个人的内在动力和心理需要在职业选择过程中非常重要，个人会自动选择能满足自身需要和喜好的职业。黄敬宝实证研究发现，工资是大学生就业意愿的影响因素，大学生倾向于选择工资高、福利好的行业。丁大建、高庆波、梁英、黄敬宝、马莉萍等研究发现，绝大多数毕业生倾向于选择在经济发达的东部沿海地区和大城市就业，尤其是像北京、上海、深圳这样的大城市，到西部地区就业的意愿度较低。何仲禹、岳昌君等研究发现，大学生在就业城市选择意愿上的倾向十分明显，选择一、二线城市就业或者说选择大中城市就业的比例非常高。

本研究选取是否喜欢在江西生活、对月薪的期望作为主观期望变量，如表 1-3-2 所示。

表 1-3-2　主观期望变量构成表

变量名称	问题选项
是否喜欢在江西生活	1. 喜欢　2. 不喜欢
对月薪的期望	1.1000—4000 元　2.2000—7000 元　3.7000—10000 元　4.10000 元以上

三、人力资本变量

人力资本变量是研究江西高校大学生留赣就业意愿的重要变量。本研究认为，大学生的人力资本主要源自两个方面：一是大学生通过学校教育获得的价值，表现为知识技能等；二是大学生通过社会实践所形成的价值，表现为可迁移技能和自我管理技能等。

在以往研究中，胡雪分析了 132 所高校的 259 份样本后，得出毕业院校、学历、社会实践显著影响就业质量的结论。黄敬宝分析了北京 18 所高校的504 个样本后，得出计算机等级和学生干部经历显著影响毕业生起薪的结论。董克用、薛在兴对北京 1000 名毕业生进行调查研究后，得出英语水平显著影响就业质量的结论。孟大虎等对 42 所高校的 2981 份样本进行了分析，得出学习成绩、英语等级证书显著影响就业质量的结论。林欣等研究认为，人力资本对高职院校的学生就业概率、就业意向和就业成本具有重要影响。石红梅等研究发现，大学生的人力资本对工资水平和就业单位类型产生正向作用，但对就业的满意度则呈负面影响。秦印研究发现，奖学金等级、英语等级等"通识素质"变量对大学生初职薪资等级有显著正向影响，专业资格证书、职业资格证书等"专业技能"变量对大学生初职薪资等级没有显著影响。

本研究选取就读的大学类型、学历、学习成绩排名、在校是否获得荣誉奖励、是否有在赣实习经历、是否社团负责人作为人力资本变量，如表 1-3-3 所示。研究假设人力资本对江西高校大学生留赣就业意愿（行为）有显著正向影响。

表 1-3-3　人力资本变量构成表

变量名称	问题选项
就读的大学类型	1. 原 211 大学　2. 普通大学　3. 民办大学　4. 独立学院　5. 高职高专
学历	1. 专科　2. 本科　3. 研究生及以上
学习成绩排名	1. 前 10%　2.10%—50%　3.50% 以后
在校是否获得荣誉奖励	1. 是　2. 否
是否有在赣实习经历	1. 是　2. 否
是否社团负责人	1. 是　2. 否

四、社会资本变量

社会资本变量是研究江西高校大学生留赣就业意愿的重要变量。社会资本变量是实现就业的重要变量。

在以往研究中，相关学者主要从社会资本的培育、就业质量、就业观和就业绩效等方面展开。赖德胜等对大学生就业过程中社会资本和人力资本的替代性和互补性进行研究，认为两者在提高就业概率和获取就业机会等方面具有不同的特性。薛在兴对北京 14 所高校毕业生的问卷调查实证分析了社会资本对就业质量的影响，认为社会资本的作用是间接性和联合性的，对就业的影响存在"跷跷板"效应。赵建国等从大学生求职行为、家庭背景等方面，以大连市高校毕业生就业的问卷调查为基础，实证分析了社会资本对就业质量的影响。陈静从就业场域视角出发，对就业中的社会资本培育进行研究。钟秋明、郭园兰研究了社会资本对大学生就业观的影响，提出高校要实施好就业教育。孔高文等研究了家庭社会资本等因素对毕业生就业的地域选择以及对工作回报的影响。宋国恺等基于地位获得理论，研究了家庭、人力资本和政策对北京部分应届大学毕业生基层就业意愿的影响。陈宏军等研究了社会资本与就业绩效之间的关系，认为两者之间关系显著，社会资本确实能够缩减就业成本。此外，钟云华研究了社会资本对大学生就业的负面效应，针对如何优化社会资本结构，缩小社会资本的非对称性提出了建议。

鉴于大学生在走向社会之际主要的社会资本来自家庭，我们把大学生的家庭资本作为社会资本的代理变量，选取家庭年收入、父母最高学历、父母最高专业技术职称、父母最高行政级别、父母是否希望受访者留赣就业作为社会资本变量，如表 1-3-4 所示。研究假设社会资本对江西高校大学生留赣就业意愿（行为）有显著负向影响。

表 1-3-4 社会资本变量构成表

变量名称	问题选项
家庭年收入	1.5 万元以下 2.5 万元—10 万元 3.10 万元—20 万元 4.20 万元—50 万元 5.50 万元以上
父母最高学历	1. 小学及以下 2. 初中 3. 高中 / 中专 4. 大专 / 高职 5. 本科 6. 研究生
父母最高专业技术职称	1. 无职称 2. 初级 3. 中级 4. 高级 5. 特高
父母最高行政级别	1. 无级别 2. 科级 3. 处级 4. 厅级 5. 部级及以上
父母是否希望受访者留赣就业	1. 希望 2. 不希望

五、政治资本变量

政治资本变量是研究江西高校大学生留赣就业意愿的一个重要变量。

在以往研究中，郑洁研究发现，大学毕业生在考虑工作或考研深造时不仅仅从个人角度出发，而是会综合考虑家庭背景和家庭的社会地位。父母的学历水平和社会地位越高，子女越不急于工作而倾向于选择考研深造；家庭背景越差，父母社会地位越低的子女越倾向于毕业后就业。马良等认为，父母的政治资本不但对子女考研意愿有正向影响，而且随着父母的受教育层次和收入情况不同产生的作用也不同，父母受教育程度或职业阶层越高，子女毕业后考研深造的意愿越强。杨亚娟研究发现，父母的政治资本确实对子女大学毕业选择考研有显著影响，且可以分别从子女的人力资本、学校资源的获取、就业因素和家庭经济资本4个方面来影响。还有一些学者研究父母的政治资本对大学生创业决策的影响，认为父母的政治资本有利于大学生在劳动力市场的表现。Jia and Lan 使用中国住户调查数据，研究发现父辈拥有政府相关职业背景的子辈进行创业活动的概率更高，且比父母没有政府相关职业背景的个体获得更高的创业回报。张瀚月研究表明，父母政治资本对个体创业决策有影响，且城市中父母政治资本对子辈创业决策影响较大；父母政治资本对子辈创业决策的影响中信任起中介作用；父母政治资本对子辈创业决策的影响的动机存在隔代寻租的可能。

借鉴相关专家的做法，本研究采用党员身份和干部身份作为政治资本的代理变量，选取是否中共党员（含预备党员）、担任学生干部情况作为政治资本变量，如表1-3-5所示。研究假设政治资本对江西高校大学生留赣就业意愿（行为）有显著正向影响。

表1-3-5 政治资本变量构成表

变量名称	问题选项
是否中共党员 （含预备党员）	1. 是　2. 否
担任学生干部情况	1. 校级学生干部　2. 院系学生干部　3. 班级学生干部　4. 无任职

六、地方满意度变量

地方满意度变量是研究江西高校大学生留赣就业意愿的一个重要变量。就业关涉选择问题，其中就包含对就业目标地的选择。

在以往研究中，Kodrzychi 在研究大学生的就业流动时发现，性别对大学生的流动并无太大影响，而地区的宜居性，如环境等则显著影响大学生的就业流动选择。Angelina 和 Francisco Rowwe 等在研究澳大利亚留学生毕业后的就业流动趋势时发现，大学生在选择就业城市时主要考虑地区的医疗、教育和社保情况，大学生的性别、专业和收入期望则对就业城市选择影响不大。国内方面，孙祥和赵勇在研究地区对大学毕业生的就业吸引力时发现，地区的社会环境显著性影响大学毕业生的就业地域选择。张娟娟结合多种理论研究了社会保障对大学生就业地域选择的影响，认为完善的社会保障制度对大学生就业地域的选择具有正向促进作用，且对地区的劳动力合理分配有重要的作用。周骏宇和李元平认为，区域和行业收入的差距影响着毕业生的就业意愿，毕业生在二元经济背景下更偏好到东部地区和体制内优势部门就业。余西妮认为，许多选择直接就业的毕业生每年面临的首要问题是就业地域的选择。葛玉好等借助扩展的托达罗人口流动模型，分析了大学生就业地域选择的影响因素，发现区域收入差距、就业机会是影响大学生就业地域选择的主要因素，而心理成本、职业发展前景和短期的货币收入也在一定程度上影响着大学生的选择。肖新成基于推拉理论分析大学生就业地选择时发现，个人因素对大学生就业地选择形成一种推力，而地区的经济水平、自然环境和企业的文化环境则对大学生的就业地选择形成一种拉力，两者共同影响毕业生对就业城市的选择。

根据相关研究及对在赣高校大学生的访谈，地方满意度影响大学生就业意愿。本研究选取经济发展水平、生态质量（空气、居住环境）、社会资源与公共服务（教育、医疗等）、工作生活压力、房价及生活成本等作为衡量指标,采用李克特 5 分制量表法,对"很满意"到"很不满意"分别赋值 1—

5，如表 1-3-6 所示。研究假设地方满意度对江西高校大学生留赣就业意愿（行为）有显著正向影响。

表 1-3-6 地方满意度变量构成表

变量名称	问题选项				
经济发展水平	1. 很满意	2. 较满意	3. 一般	4. 较不满意	5. 很不满意
生态质量（空气、居住环境）	1. 很满意	2. 较满意	3. 一般	4. 较不满意	5. 很不满意
社会资源与公共服务（教育、医疗等）	1. 很满意	2. 较满意	3. 一般	4. 较不满意	5. 很不满意
工作生活压力	1. 很满意	2. 较满意	3. 一般	4. 较不满意	5. 很不满意
房价及生活成本	1. 很满意	2. 较满意	3. 一般	4. 较不满意	5. 很不满意
职业发展空间	1. 很满意	2. 较满意	3. 一般	4. 较不满意	5. 很不满意
就业机会	1. 很满意	2. 较满意	3. 一般	4. 较不满意	5. 很不满意

七、政策变量

政策变量是研究江西高校大学生留赣就业意愿的一个重要变量。

在以往研究中，高鹏以武汉市在读大学生为研究对象，用问卷调查的方式分析武汉大学生留汉意愿以及相关影响因素，研究发现，政策对武汉大学生的吸引力度最大，这在武汉市提出"百万大学生留汉工程"的背景下，给政府提供了一定的参考。刘紫莲综合运用探索性因子和验证性因子相结合，与离散选择法的多种数据研究模式，分别对应届本科毕业生和应届硕博研究生毕业生群体进行了分析，发现两个群体在城市选择的因素上有明显差异，本科生更看重就业平台和发展机会，而硕博研究生更注重生活。杨晓军以 2000—2013 年中国 123 个大城市的面板数据为研究基础，分析了户籍制度改革对毕业生流入的影响。陆奕行等发现房价也是影响大学生就业地选择的关键因素。李红勋调查北京高校大学生留京的意愿，以北京林业大学的学生为样本，发现部分学生的留京意愿很强，城市因素对其意愿的影响最为显著，包括住房及房价、自然环境和交通情况、北京户口问题等。黄兢综合文献资料把城市公共服务能力作为影响高校学生和就业区域流动的首要观察变量，选取了 15 个指标使用层次分析法计算了 70 个城市的公共服务能力，并把房价作为经济饱和度指数的主要计算因子，经过区域对比得出城市公共服务能力和相对收入水平对高校学生区域流动有显著影响，且高房价在一定程度上抑制流动。

本研究选取对留赣就业政策的了解程度、留赣就业政策对做出留赣就业决定的作用、留赣就业政策的吸引力等作为政策变量，如表 1-3-7 所示。研究假设政策支持对江西高校大学生留赣就业意愿（行为）有显著正向影响。

表 1-3-7　政策变量构成表

变量名称	问题选项			
对留赣就业政策的了解程度	1. 没有听说　2. 只是听说　3. 大致了解　4. 详细了解			
留赣就业政策对做出留赣就业决定的作用	1. 不大　2. 一般　3. 大　4. 非常大			
留赣就业政策的吸引力				
落户政策	1. 非常没有吸引力	2. 不太有吸引力	3. 有一定吸引力	4. 很有吸引力
生活补贴	1. 非常没有吸引力	2. 不太有吸引力	3. 有一定吸引力	4. 很有吸引力
创业贷款	1. 非常没有吸引力	2. 不太有吸引力	3. 有一定吸引力	4. 很有吸引力
购房补贴	1. 非常没有吸引力	2. 不太有吸引力	3. 有一定吸引力	4. 很有吸引力
创业扶持政策	1. 非常没有吸引力	2. 不太有吸引力	3. 有一定吸引力	4. 很有吸引力
一次性求职补贴	1. 非常没有吸引力	2. 不太有吸引力	3. 有一定吸引力	4. 很有吸引力
一次性创业补贴	1. 非常没有吸引力	2. 不太有吸引力	3. 有一定吸引力	4. 很有吸引力
职业技能鉴定补贴	1. 非常没有吸引力	2. 不太有吸引力	3. 有一定吸引力	4. 很有吸引力
社会保险补贴	1. 非常没有吸引力	2. 不太有吸引力	3. 有一定吸引力	4. 很有吸引力

第三节 小样本数据收集与分析

一、预调研数据

在问卷设计完成后,进行问卷预调研,确保问卷的可读性、信度及效度,以便根据预调研反馈进行题项表述等相关修正。

预调研发放问卷 50 份,回收有效问卷 50 份,回收有效问卷率 100%。预调研问卷发放通过两种途径:一是通过辅导员召开班会在班会上发放纸质问卷,集中填写并收回,现场征询问卷题项表述等问题;二是通过研究者个人对熟悉的学生发放网络问卷并征询意见。

回收的 50 份问卷中,男生占比 60.18%,女生占比 39.82%;江西籍生源占比 69.36%,非江西籍生源占比 30.64%;独生子女占比 30.82%;高年级(大三、大四、研二、研三)学生占比 96.8%;有在赣实习经历的学生占比 56.12%;喜欢在江西生活的学生占比 68%。

二、预调研结果信度、效度分析

对调研问卷满意度量表、政策吸引力量表进行检验,检验结果显示预调研问卷的信度和效度都较好。问卷设计的满意度量表的信度为 0.800,政策吸引力量表信度为 0.802,均大于 0.7,均通过 Cronbach's alpha 系数来检验,说明量表可信度较高,见表 1-3-8、表 1-3-9。

表 1-3-8 问卷满意度量表预调研的可靠性统计

Cronbach's alpha	基于标准化项的 Cronbach's alpha	项数
0.800	0.792	7

表 1-3-9　问卷政策吸引力量表预调研的可靠性统计

Cronbach's alpha	基于标准化项的 Cronbach's alpha	项数
0.802	0.794	9

第四节　正式调研及数据收集

一、正式调研

正式调研采用线上发放问卷的方式，对江西省高职高专、本科院校进行随机抽样调查。调研主要通过与各校就业处负责就业工作的老师进行联系，由他们在本校按年级、专业组织发放调研问卷的方式进行。

调研涉及本科及以上层次院校、高职高专院校。调研高校的办学性质涵盖公办院校、民办院校。调研高校的地域分布涉及江西省内 10 个地级市，包括南昌、九江、赣州、上饶、景德镇、宜春、吉安、抚州、萍乡、鹰潭。

二、数据收集情况

正式调查历时 4 个月，共计回收 11641 份问卷，剔除掉答案相同、填写不完整和填写时间非常短的问卷，最终获得有效问卷 10139 份，样本的有效回收率为 87.1%。受访者中，男生占比 46.39%，女生占比 53.61%；江西籍生源占比 70.04%，非江西籍生源占比 29.96%；独生子女占比 21.79%；高年级（大三、大四、研二、研三）学生占比 50.8%；有在赣实习经历的学生占比 34.99%；喜欢在江西生活的学生占比 73.21%。样本特征符合在赣高校大学生实际，具有典型性和代表性。

三、信度及效度检验

量表的可靠性主要采用克隆巴赫系数进行信度分析，通常情况下，只要 a 系数值高于 0.7，即可说明量表的信度较好。

对地方满意度量表进行信度检验，数据显示 Cronbach's alpha 系数为 0.9439，大于 0.7，表明量表信度很高（见表 1-3-10）。对问卷调查结果进行 KMO 测度的结果为 0.918，Bartlett 球形检验对应的 P 值接近 0，说明变量适合作因子分析，进一步说明该问卷调查具有很好的效度（见表 1-3-11）。

对政策吸引力量表进行信度检验，数据显示 Cronbach's alpha 系数为 0.9419，大于 0.7，表明量表信度很高（见表 1-3-10）。对问卷调查结果进行 KMO 测度的结果为 0.960，Bartlett 球形检验对应的 P 值接近 0，说明变量适合作因子分析，进一步说明该问卷调查具有很好的效度（见表 1-3-11）。

表 1-3-10　量表可靠性统计

量表名称	测量题项数	项间协方差	Cronbach's alpha
地方满意度变量构成表	7	0.6601	0.9439
政策吸引力变量构成表	9	0.3372	0.9419

表 1-3-11　量表效度统计

量表名称	指标	值
地方满意度变量构成表	近似卡方	66080.289
	df	21
	Sig.	0.000
	KMO 度量	0.918
政策满意度变量构成表	近似卡方	117000
	df	55
	Sig.	0.000
	KMO 度量	0.960

本章小结

问卷调研法是本研究的重点研究方法。设计科学有效的问卷是一个极其复杂和艰难的工作，更是开展本研究必须攻克的任务。本研究投入了大量的时间，数据的收集更是历经 4 个月之久。本研究设计的地方满意度量表、政策吸引力量表通过了信度及效度检验，但限于时间、技术等主客观方面的原因，量表也存在着不完美之处。

本研究的调研规模及调研数据质量达到了研究期望，下面章节将根据调研数据进行科学、客观的实证分析。

第四章
样本特征描述性分析

第一节 样本基本特征描述性分析

表1-4-1展示了江西高校大学生对于是否愿意留在江西就业的态度的频数分布情况。在样本中，有6017人表示愿意留赣就业，占比59.35%，而4122人表示不愿意留赣就业，占比40.65%。通过这个表格，我们可以更清楚地了解江西高校大学生对于留赣就业的态度，为人才引进和地方发展提供一定的参考。值得注意的是，该表格只展示了江西高校大学生对于在江西就业的态度，而未涉及其他可能影响江西高校大学生就业决策的因素，如工作机会、薪资待遇、职业发展前景等。因此，在进行决策时需要综合考虑多种因素，而非只考虑单一因素。

表1-4-1 样本基本特征描述性分析

项目	频率	百分比（%）
您毕业后是否愿意留赣就业：		
愿意	6017	59.35

续表

项目	频率	百分比（%）
不愿意	4122	40.65
总计	10139	100.00

第二节　人口统计学特征描述性分析

当我们进行江西高校大学生就业意向调查时，对参与调查人群的人口统计学特征进行分析和解释是非常重要的。这些特征包括性别、生源地和是否独生子女等。在表 1-4-2 中，我们可以看到对这些特征进行的描述性分析结果。首先，在参与调查的人群中，男性占 46.39%，女性占 53.61%。这表明参与调查的男女比例较为均衡。这一结果可以支持我们对不同性别的江西高校大学生进行分析，以便更好地了解不同性别在就业意向上的差异。比如，我们可以探究男女江西高校大学生在不同行业、不同岗位和不同薪资水平上的就业倾向等。其次，在参与调查的人群籍贯上，江西籍占 70.05%，非江西籍占 29.95%。在该调查中，江西籍占比较大，从现实情况来看，愿意留在江西就业的江西高校大学生以江西籍为主，因此在发放问卷时我们也将该实际情况考虑其中。在参与调查的人群中，独生子女占 21.80%，非独生子女占 78.20%。

表 1-4-2　人口统计学特征描述性分析

项目	频率	百分比（%）
性别：		
男性	4703	46.39
女性	5436	53.61
生源地：		
江西籍	7102	70.05
非江西籍	3037	29.95

续表

项目	频率	百分比（%）
是否独生子女：		
是	2210	21.80
否	7929	78.20

第三节 人力资本特征描述性分析

表1-4-3是关于人力资本特征的描述性分析。结果显示，33.86%的大学生来自民办大学，12.57%的大学生来自独立学院，12.48%的大学生来自普通大学，1.55%的大学生来自原211大学，39.55%的大学生来自高职高专，表明样本分布较为均匀。学历涵盖也较为全面，其中59.82%的大学生是专科学历，35.96%的大学生是本科学历，4.22%的大学生是研究生学历。学生成绩排名情况：21.8%的大学生成绩在前10%范围内，62.36%的大学生成绩在10%—50%，15.84%的大学生成绩在50%以后。可以看出，大部分调查对象的学习成绩处于中等水平。在"在校是否获得荣誉奖励"上，结果显示，51.72%的大学生曾获得过荣誉奖励，48.28%的大学生没有获得过荣誉奖励，即在该研究的样本中，有一半以上的大学生曾获得过荣誉奖励。在"是否有在赣实习经历"上，结果显示，34.98%的大学生有在赣实习经历，65.02%的大学生没有在赣实习经历，即只有1/3的大学生有在赣实习经历。在"是否社团负责人"上，17.73%的大学生是社团负责人，82.27%的大学生不是社团负责人，即只有少部分大学生曾担任过社团负责人。

表1-4-3 人力资本特征描述性分析

项目	频率	百分比（%）	项目	频率	百分比（%）
高校类型：			学历：		
原211大学	157	1.55	专科	6065	59.82

续表

项目	频率	百分比（%）	项目	频率	百分比（%）
普通大学	1265	12.48	本科	3646	35.96
民办大学	3433	33.86	研究生	428	4.22
独立学院	1274	12.57	在校是否获得荣誉奖励：		
高职高专	4010	39.55	是	5244	51.72
学习成绩排名：			否	4895	48.28
前10%	2210	21.8	是否有在赣实习经历：		
10%—50%	6323	62.36	是	3547	34.98
50% 以后	1606	15.84	否	6592	65.02
是否社团负责人：					
是	1798	17.73			
否	8341	82.27			

第四节　政治资本特征描述性分析

表1-4-4是关于政治资本特征的描述性分析。在"是否中共党员（含预备党员）"上，结果显示，1012名学生是中共党员或预备党员，占总人数的9.98%。这个数据可能反映了这些学生拥有一定的政治资本，因为在中国的社会、政治和经济生活中，党员身份通常被认为是一种重要的社会资源，可以为个人在就业、升职等方面带来优势。在"担任学生干部情况"上，3715名学生曾经或正在担任学生干部，占总人数的36.64%。这个数据也可能反映了这些学生拥有一定的政治资本，因为担任学生干部通常需要一定的组织管理能力、沟通协调能力等等，这些能力在未来的职业生涯中可能会带来一定的优势。

表 1-4-4 政治资本特征描述性分析

项目	频率	百分比（%）
是否中共党员（含预备党员）：		
是	1012	9.98
否	9127	90.02
担任学生干部情况：		
校级学生干部	660	6.51
院级学生干部	984	9.71
班级学生干部	2071	20.43
无任职	6424	63.36

第五节　社会资本特征描述性分析

　　表 1-4-5 展示了调查样本在社会资本特征方面的描述性分析结果。首先，家庭年收入分布比较广泛，5 万元以下的家庭最多，占比 45.24%，50 万元以上的家庭最少，仅占比 2.01%，说明大部分受访者家庭条件都处在中等水平。其次，在父母最高专业技术职称中，无职称的家庭占比最大，为 83.38%，高级和中级职称的家庭占比相近，分别为 5.59% 和 5.53%。再次，在父母最高学历中，初中占比最大，为 45.28%，其次是高中 / 中专，占比 22.34%，研究生的家庭占比最小，仅为 0.72%。然后，在父母最高行政级别中，无级别的家庭占比最大，为 94.87%，其次是科级，占比为 2.84%，只有 0.79% 的样本父母达到了部级及以上。另外，调查还关注了父母是否希望受访者留在江西就业的问题。结果显示，62.11% 的样本父母希望孩子留在江西就业，而 37.89% 的样本父母不希望孩子留在江西就业。这与江西籍的生源比较多有关系，同时也表明江西的就业环境在一定程度上对人才的吸引力有待加强。

表 1-4-5　社会资本特征描述性分析

项目	频率	百分比（%）	项目	频率	百分比（%）
家庭年收入			父母最高专业技术职称		
5 万元以下	4587	45.24	无职称	8454	83.38
5 万元—10 万元	3430	33.83	初级	483	4.76
10 万元—20 万元	1521	15	中级	561	5.53
20 万元—50 万元	397	3.92	高级	567	5.59
50 万元以上	204	2.01	特高	74	0.73
父母最高学历			父母最高行政级别		
小学及以下	1987	19.6	无级别	9619	94.87
初中	4591	45.28	科级	288	2.84
高中 / 中专	2265	22.34	处级	106	1.05
大专 / 高职	705	6.95	厅级	46	0.45
本科	518	5.11	部级及以上	80	0.79
研究生	73	0.72			
父母是否希望受访者留赣就业					
是	6297	62.11			
否	3842	37.89			

第六节　地方满意度描述性分析

表 1-4-6 是大学生对江西不同方面的满意度进行的描述性分析。从表中可以发现，大学生对不同方面的满意度存在一定的差异。首先，从经济发展水平方面来看，超过一半的大学生（51.97%）认为江西经济发展水平一般，只有 12% 的大学生认为很满意，较满意的比例为 23.34%。同时，有 7.78% 的大学生认为经济发展水平较不满意，4.91% 的大学生认为很不满意。这表明大学生对于江西经济发展水平存在一定的不满情绪，政府需

要继续提升经济发展的质量。其次，从生态治理方面来看，17.07%的大学生认为生态治理（空气、居住环境）很满意，32.4%的大学生认为较满意，而4.58%的大学生认为较不满意，3.41%的大学生认为很不满意。这表明江西在生态治理方面取得了一定的成效，但仍然需要进一步加强相关工作。再次，从社会资源与公共服务（教育与医疗等）方面来看，只有11.35%的大学生认为很满意，25.42%的大学生认为较满意，而51.63%的大学生认为一般，7.53%的大学生认为较不满意，4.07%的大学生认为很不满意。这表明江西在提供教育和医疗等公共服务方面存在较大的改进空间。此外，受访大学生认为在江西工作生活压力一般，但有超过19%的受访者对此表示较不满意或很不满意，这需要引起当地政府和相关部门的重视。在房价及生活成本方面，有近44%的受访者表示对当地的房价和生活成本一般满意，而有17.6%和9.36%的受访者分别表示较不满意和很不满意，反映出江西房价和生活成本相对较高，给部分大学生带来了负担。最后，在就业机会方面，有超过一半的受访者对江西的就业机会表示一般满意，但也有近14%和6.47%的受访者分别表示较不满意和很不满意，这也需要政府和相关部门加强对就业的引导和支持。

表1-4-6 地方满意度描述性分析

项目	频率	百分比（%）	项目	频率	百分比（%）
经济发展水平			生态治理（空气、居住环境）		
很满意	1217	12	很满意	1731	17.07
较满意	2366	23.34	较满意	3285	32.4
一般	5269	51.97	一般	4313	42.54
较不满意	789	7.78	较不满意	464	4.58
很不满意	498	4.91	很不满意	346	3.41
社会资源与公共服务（教育与医疗等）			工作生活压力		

续表

项目	频率	百分比（%）	项目	频率	百分比（%）
很满意	1151	11.35	很满意	996	9.82
较满意	2577	25.42	较满意	1898	18.72
一般	5235	51.63	一般	5237	51.65
较不满意	763	7.53	较不满意	1393	13.74
很不满意	413	4.07	很不满意	615	6.07
房价及生活成本			职业发展空间		
很满意	1024	10.1	很满意	1023	10.09
较满意	1936	19.09	较满意	1878	18.52
一般	4446	43.85	一般	5608	55.31
较不满意	1784	17.6	较不满意	1103	10.88
很不满意	949	9.36	很不满意	527	5.2
就业机会					
很满意	996	9.82			
较满意	1793	17.68			
一般	5314	52.41			
较不满意	1380	13.61			
很不满意	656	6.47			

第七节　政策满意度描述性分析

　　表1-4-7为大学生对江西政策的满意度进行的描述性分析。首先，在对留赣就业政策的了解程度上，43.83%的受访者表示没有听说过，38.62%的受访者表示只是听说过，16.23%的受访者表示大致了解，只有1.31%的受访者表示详细了解，说明政策在实际应用中还有待提高。其次，在留赣就业政策对做出留赣就业决定的作用方面，仅有11.74%的受访者认为留赣就业政策对做出留赣就业的作用大，而28.85%的受访者认为留赣就业政策对做出留赣就业的作用不大。需要注意的是，2.71%的受访者认为留

赣就业政策对做出留赣就业的作用非常大，这个比例虽然不高，但是也值得政府进一步发扬优势，加大对留赣就业政策的宣传力度。那么，具体的留赣就业政策吸引力如何？描述性分析显示，在落户政策方面，12.59%的受访者认为非常没吸引力，41.47%的受访者认为不太有吸引力，39.58%的受访者认为有一定吸引力，只有6.35%的受访者认为很有吸引力，表明还有很多人对江西的落户政策持谨慎态度，相关部门需要继续优化政策。在生活补贴方面，7.62%的受访者认为非常没吸引力，26.37%的受访者认为不太有吸引力，56.61%的受访者认为有一定吸引力，只有9.39%的受访者认为很有吸引力。在创业贷款方面，8.63%的受访者认为非常没吸引力，30.44%的受访者认为不太有吸引力，52.36%的受访者认为有一定吸引力，只有8.57%的受访者认为很有吸引力。需要注意的是，总体而言，受访者对创业贷款的态度还是比较积极的，政府可以继续加大对创业贷款的宣传力度，提高创业贷款的知晓度。对于创业扶持政策，7.68%的受访者认为非常没吸引力，28.63%的受访者认为不太有吸引力，55.08%的受访者认为有一定吸引力，只有8.6%的受访者认为很有吸引力。在一次性求职补贴上，8.52%的受访者认为非常没吸引力，30.48%的受访者认为不太有吸引力，52.31%的受访者认为有一定吸引力，只有8.69%的受访者认为很有吸引力，表明在该项指标上仍有较大提升空间。在一次性创业补贴方面，7.73%的受访者认为非常没吸引力，29.41%的受访者认为不太有吸引力，54.31%的受访者认为有一定吸引力，只有8.55%的受访者认为很有吸引力。在职业技能鉴定补贴和社会保险补贴上，大学生的满意度较高，分别有54.75%和57.2%的受访者认为有一定吸引力。综合来看，大学生对江西省的政策整体上持积极态度，但也存在一些政策的满意度不高的情况。对此，可以针对不同的政策，制定更具针对性的措施，提高政策的满意度。

表 1-4-7 政策满意度描述性分析

项目	频率	百分比（%）	项目	频率	百分比（%）
对留赣就业政策的了解程度			留赣就业政策对做出留赣就业决定的作用		
没有听说	4444	43.83	不大	2925	28.85
只是听说	3916	38.62	一般	5749	56.7
大致了解	1646	16.23	大	1190	11.74
详细了解	133	1.31	非常大	275	2.71
落户政策			生活补贴		
非常没吸引力	1277	12.59	非常没吸引力	773	7.62
不太有吸引力	4205	41.47	不太有吸引力	2674	26.37
有一定吸引力	4013	39.58	有一定吸引力	5740	56.61
很有吸引力	644	6.35	很有吸引力	952	9.39
创业贷款			购房补贴		
非常没吸引力	875	8.63	非常没吸引力	883	8.71
不太有吸引力	3086	30.44	不太有吸引力	2707	26.7
有一定吸引力	5309	52.36	有一定吸引力	5595	55.18
很有吸引力	869	8.57	很有吸引力	954	9.41
创业扶持政策			一次性求职补贴		
非常没吸引力	779	7.68	非常没吸引力	864	8.52
不太有吸引力	2903	28.63	不太有吸引力	3090	30.48
有一定吸引力	5585	55.08	有一定吸引力	5304	52.31
很有吸引力	872	8.6	很有吸引力	881	8.69
一次性创业补贴			职业技能鉴定补贴		
非常没吸引力	784	7.73	非常没吸引力	780	7.69
不太有吸引力	2982	29.41	不太有吸引力	2955	29.14
有一定吸引力	5506	54.31	有一定吸引力	5551	54.75
很有吸引力	867	8.55	很有吸引力	853	8.41
社会保险补贴					

项目	频率	百分比（%）	项目	频率	百分比（%）
非常没吸引力	717	7.07			
不太有吸引力	2710	26.73			
有一定吸引力	5800	57.2			
很有吸引力	912	8.99			

本章小结

本章从样本基本特征、人口统计学特征、人力资本特征、政策资本特征、社会资本特征、地方满意度、政策满意度等七个方面对影响大学生留赣就业的因素进行了描述性分析，并初步探讨了各个因素对大学生留赣就业的影响。通过对样本基本特征的分析，我们发现，样本中有一半以上的江西高校大学生愿意留赣就业，愿意留在江西就业的毕业生以江西籍为主。"00后"大学生逐渐走向社会，他们对地方的生态、就业环境、经济发展、社会服务等都比较重视。江西省人民政府推出了一系列留赣就业优惠政策，但是这些政策在对大学生留赣就业吸引力上并没有达到绩优水平，从调查数据看，很大一部分学生不是很了解这些留赣就业政策，落户、一次性求职补助等就业优惠政策吸引力不大。大学生最看重的是就业机会、发展空间等。

第五章
留赣就业意愿差异性分析

在描述性分析基础上，为进一步了解江西高校大学生留赣就业意愿在不同特征方面的差异性，对具有不同个体特征的江西高校大学生留赣就业意愿进行进一步的交互统计分析，以期发现江西高校大学生内部不同特征群体的留赣就业意愿差异。本章主要运用卡方分析对江西高校大学生人口统计学、人力资本特征进行了分析，统计大学生不同的性别、年级、籍贯、就读大学类型、政治面貌、专业、学历层次在留赣就业意愿上的差异性情况。

第一节　不同性别大学生留赣就业意愿差异性分析

表 1-5-1 的结果显示，样本总量共有 10139 个，其中男性为 4703 个，女性为 5436 个。在男性中，有 59.05% 的人愿意留赣，40.95% 的人不愿意留赣；在女性中，有 59.6% 的人愿意留赣，40.4% 的人不愿意留赣。从表中可以看到，男性和女性在愿意留赣和不愿意留赣方面的比例非常接近。经过组间 T 值和 P 值的计算，我们可以进一步判断这种接近是否有统计学意义。在该样本下，T 值为 0.5676，P 值为 0.5703。由此可知，该样本中

男性和女性在留赣就业意愿方面的差异不具有统计学意义。综上所述，虽然在不同性别的大学生中，有一定比例的人愿意留赣，但从统计学意义上来看，男性和女性在留赣就业意愿方面并没有显著的差异。根据前面的综述，以往研究中，Tao Li 和 Juyan Zhang 利用回归分析法研究了性别、生源地等因素对大学生就业择业的影响及影响程度。

表 1-5-1 不同性别大学生留赣就业意愿差异性分析

变量名称		人数（个）		占比（%）		均值差	P 值
		愿意留赣	不愿意留赣	愿意留赣	不愿意留赣		
性别	男	2777	1926	59.05	40.95	0.0056	0.5703
	女	3240	2196	59.6	40.4		

第二节　不同成绩大学生留赣就业意愿差异性分析

根据表 1-5-2，我们可以看到不同成绩的大学生在是否愿意留赣就业方面存在一定差异。具体来看，样本总量为 10139 个，其中前 10% 成绩排名的学生有 2210 个，占总样本的 21.8%；10%—50% 成绩排名的学生有 6323 个，占总样本的 62.36%；50% 以后成绩排名的学生有 1606 个，占总样本的 15.84%。在前 10% 成绩排名的学生中，有 57.47% 的人愿意留赣，42.53% 的人不愿意留赣；在 10%—50% 成绩排名的学生中，有 59.85% 的人愿意留赣，40.15% 的人不愿意留赣；在 50% 以后成绩排名的学生中，有 59.96% 的人愿意留赣，40.04% 的人不愿意留赣。从表中可以看到，成绩排名在不同留赣就业意愿的学生中存在一定的差异。前 10% 成绩排名的学生相对于其他两组学生，不愿意留赣的比例更高；10%—50% 成绩排名的学生相对于其他两组学生，留赣就业意愿更为均衡；50% 以后成绩排名的学生相对于其他两组学生，愿意留赣的比例更高。从 P 值来看，以成绩处在后 50% 的同学为基准组进行组间差异分析，发现三者之间的均值差为

0.0241，并在 10% 的显著性水平上显著，表明相较于后 50% 的同学来说，处在前 10% 和 10%—50% 成绩排名的学生更不愿意留赣就业。但该结果并不能单纯地说明江西失去了人才吸引力，因为本研究只考虑了大学生的留赣就业意愿差异性，而无法涵盖其他人才流失的因素。相反，50% 以后成绩排名的大学生仍然存在较强的留赣意愿，这也说明了江西仍然有吸引人才的优势和机会。

表 1-5-2　不同成绩大学生留赣就业意愿差异性分析

变量名称		人数（个）		占比（%）		均值差	P 值
		愿意留赣	不愿意留赣	愿意留赣	不愿意留赣		
成绩排名	前 10%	1270	940	57.47	42.53	0.0241	0.0762
	10%—50%	3784	2539	59.85	40.15		
	50% 以后	963	643	59.96	40.04		

第三节　不同籍贯大学生留赣就业意愿差异性分析

根据表 1-5-3 不同籍贯大学生留赣就业意愿差异性分析结果，我们可以看出，江西籍大学生留赣就业意愿比非江西籍大学生高得多：有 74.95% 的江西籍大学生表示愿意留在江西就业，而只有 22.85% 的非江西籍大学生表示愿意留下来。这说明家乡因素在人才留存方面的重要性。从组间差异角度来看，二者组间均值差为 -0.5210，从 P 值的角度看，差异性非常显著，在 1% 的显著性水平说明了不同籍贯之间在留赣就业意愿上存在着明显差异。基于以上结论，江西可在实施人才政策时，更有针对性地加大对本省籍大学生的吸引力度，比如提供更多的就业机会和福利保障，同时也要考虑如何吸引非江西籍的人才到江西发展，比如加强宣传江西的发展潜力和各项优惠政策，提供更好的工作和生活条件等。此外，江西也需要在培养和吸引人才方面采取多种措施，综合提高人才的吸引力。

表 1-5-3　不同籍贯大学生留赣就业意愿差异性分析

变量名称		人数（个）		占比（%）		均值差	P 值
		愿意留赣	不愿意留赣	愿意留赣	不愿意留赣		
籍贯	江西籍	5323	1779	74.95	25.05	−0.5210	0.0000
	非江西籍	694	2343	22.85	77.15		

第四节　不同层次类型大学生留赣就业意愿差异性分析

从表 1-5-4 的结果可以看出，原 211 大学有 157 人参与调查，其中愿意留赣的人数为 108 人，不愿意留赣的人数为 49 人，分别占比 68.79%、31.21%。在普通大学中，有 1265 人参与调查，其中愿意留赣的人数为 736 人，不愿意留赣的人数为 529 人，分别占比 58.18%、41.82%。在民办大学中，有 3433 人参与调查，其中愿意留赣的人数为 1673 人，不愿意留赣的人数为 1760 人，分别占比 48.73%、51.27%。在独立学院中，有 1274 人参与调查，其中愿意留赣的人数为 692 人，不愿意留赣的人数为 582 人，分别占比 54.32%、45.68%。在高职高专中，有 4010 人参与调查，其中愿意留赣的人数为 2808 人，不愿意留赣的人数为 1202 人，分别占比 70.02%、29.98%。从均值差和 P 值来看，不同大学类型之间的差异是显著的。本研究以高职高专的受访大学生为基准，发现均值差为−0.1767，并在 1% 的显著性上显著，表明相较于高职高专的学生，其他大学类型的大学生留赣就业意愿更不明显。上述结论表明，政府可以针对不同类型大学的学生，制定相应的政策和措施，吸引更多优秀人才留在江西就业。比如，对于想要留在江西发展的人才，政府可以提供更多的工作机会和发展空间，吸引更多的人才留在当地；对于不愿意留在江西发展的人才，政府可以提供更好的福利待遇和发展前景，从而转变他们的就业思路。

表 1-5-4　不同层次类型大学生留赣就业意愿差异性分析

变量名称		人数（个）		占比（%）		均值差	P 值
		愿意留赣	不愿意留赣	愿意留赣	不愿意留赣		
大学类型	原 211 大学	108	49	68.79	31.21	−0.1767	0.0000
	普通大学	736	529	58.18	41.82		
	民办大学	1673	1760	48.73	51.27		
	独立学院	692	582	54.32	45.68		
	高职高专	2808	1202	70.02	29.98		

第五节　不同政治面貌大学生留赣就业意愿差异性分析

表 1-5-5 展示了不同政治面貌大学生留赣就业意愿差异性分析结果。其中，愿意留赣的党员比例为 56.82%，不愿意留赣的党员比例为 43.18%；而非党员中，愿意留赣的比例为 59.61%，不愿意留赣的比例为 40.39%。统计分析结果表明，两组之间的均值差异显著，P 值为 0.0846，在 10% 的显著性水平上显著，因此可以认为存在组间差异，即认为政治面貌与留赣意愿存在显著相关性。

表 1-5-5　不同政治面貌大学生留赣就业意愿差异性分析

变量名称		人数（个）		占比（%）		均值差	P 值
		愿意留赣	不愿意留赣	愿意留赣	不愿意留赣		
政治面貌	党员	575	437	56.82	43.18	0.0281	0.0846
	非党员	5442	3685	59.61	40.39		

第六节　不同英语等级大学生留赣就业意愿差异性分析

表 1-5-6 显示了不同英语等级大学生在留赣就业意愿方面的差异性分析结果。表格中共包含了三种英语等级，即四级以下、四级和六级。对于

每种等级，分别统计了愿意留赣和不愿意留赣的人数和占比，并计算了组间的均值差和 P 值。根据表格数据，四级以下的大学生愿意留在江西工作的比例最高，占 60.67%，而不愿意留在江西工作的比例为 39.33%。在四级和六级的学生中，不愿意留在江西工作的比例均高于四级以下学生。通过均值差和 P 值的计算，可以看出不同英语等级的大学生在留赣就业意愿方面的差异具有统计学意义。总的来说，英语等级对于大学生在留赣就业意愿方面的差异具有一定影响，四级以下的学生更愿意留在江西工作，而四级和六级学生则相对不太愿意留在江西工作。

表 1-5-6　不同英语等级大学生留赣就业意愿差异性分析

变量名称		人数（个）		占比（%）		均值差	P 值
		愿意留赣	不愿意留赣	愿意留赣	不愿意留赣		
英语等级	四级以下	4719	3059	60.67	39.33	−0.0692	0.0000
	四级	879	755	53.79	46.21		
	六级	419	308	57.63	42.37		

第七节　不同学历层次大学生留赣就业意愿差异性分析

根据表 1-5-7，我们可以发现不同学历层次的大学生在留赣就业意愿上存在显著差异。其中，专科学历的大学生愿意留赣的比例最高，达到了66.84%，而不愿意留赣的比例为 33.16%。相比之下，本科学历的大学生更倾向于离开江西，不愿意留赣的比例为 53.32%，愿意留赣的比例只有46.68%。研究生学历的大学生愿意留赣的比例相对较高，达到了 60.98%，不愿意留赣的比例为 39.02%。此外，从均值差和 P 值的数据也可以看出不同学历层次大学生留赣就业意愿的显著差异性。造成这种现象的原因可能有很多，例如专科学历的大学生可能更倾向于在家附近就业，不愿意远离家乡；本科学历的大学生可能更加追求发展机会和高薪工作，可能更愿意去大城市发展；研究生学历的大学生可能更加注重专业发展和学术研究，江西的科研环境和资源可能更具吸引力。因此，本研究认为，提高江西的发展水平和经济活力，增加就业机会是解决大学生不愿意留在江西就业的一个重要途径。同时，政府可以通过提供更好的生活和工作环境，改善社会福利保障，提升生活品质和幸福感，吸引更多的大学生留在江西工作。此外，政府和企业可以加大对人才的引进和培养力度，提供更好的职业发展和晋升机会，为留在江西工作的大学生提供更好的发展前景和待遇。

表 1-5-7　不同学历层次大学生留赣就业意愿差异性分析

变量名称		人数（个）		占比（%）		均值差	P 值
		愿意留赣	不愿意留赣	愿意留赣	不愿意留赣		
学历层次	专科	4054	2011	66.84	33.16	−0.2023	0.0000
	本科	1702	1944	46.68	53.32		
	研究生	261	167	60.98	39.02		

本章小结

通过上述差异性分析我们发现，不同性别大学生留赣就业意愿并不存在显著差别，从侧面反映出江西在男女就业机会上基本是均等的，并未出现性别歧视的情况。但我们同时也发现，成绩较好的大学生、在学校排名较靠前的大学生、英语等级水平更高的大学生以及本科生更倾向于离开江西去寻找就业机会，尽管这并不能说明江西对人才吸引力不足，但也启示我们应该提供更好的生活和工作环境，改善社会福利保障，提升生活品质和幸福感，以吸引更多的大学生留在江西工作。此外，我们还发现江西籍的大学生以及非党员大学生更倾向于留赣就业。

本章的差异性分析仅仅分析了具有不同特征的群体的留赣就业意愿是否存在差异性，差异性是否显著。差异关系中的差异是指不同样本组的某个指标的差异，在差异性分析中虽然不同特征群体的数据的平均值有显著差异，但数据之间的变化是独立的，并不会相互影响。

第六章
留赣就业意愿相关性分析

本研究先通过相关性分析方法对各个自变量的影响情况进行单独分析，分析各个自变量在不考虑其他变量的影响情况下，单独对留赣就业意愿的影响情况。

第一节　人口统计学变量对留赣就业意愿的相关性分析

本研究选取性别、生源地、是否独生子女作为人口统计学变量，运用相关性分析检验各变量的相关关系。

根据分析，见表 1-6-1 所示，留赣就业意愿与性别、是否独生子女显著负相关，男生、非独生子女更愿意到外地发展；与生源地显著正相关，本地生源的大学生更愿意留在江西就业。

表 1-6-1　人口统计学变量与留赣就业意愿的相关性分析

	留赣就业意愿	性别	生源地	是否独生子女
留赣就业意愿	1			
性别	−0.006**	1		

续表

	留赣就业意愿	性别	生源地	是否独生子女
生源地	0.486**	0.058**	1	
是否独生子女	−0.123**	0.133**	−0.212**	1

注：***、**、* 分别表示 1%、5%、10% 的统计水平上显著

第二节　主观期望变量对留赣就业意愿的相关性分析

本研究选取是否喜欢在江西生活、月薪期望作为主观期望变量，运用相关性分析检验各变量的相关关系。

如表 1-6-2 所示，留赣就业意愿与是否喜欢在江西生活显著正相关，越喜欢在江西生活越愿意留在江西就业；与月薪期望显著负相关，对工资期望越高越不愿意留赣就业。

表 1-6-2　主观期望变量与留赣就业意愿的相关性分析

	留赣就业意愿	是否喜欢在江西生活	月薪期望
留赣就业意愿	1		*
是否喜欢在江西生活	0.584**	1	
月薪期望	−0.131**	−0.122**	1

注：***、**、* 分别表示 1%、5%、10% 的统计水平上显著

第三节　人力资本变量对留赣就业意愿的相关性分析

本研究选取就读的大学类型、学历、学习成绩排名、是否获得奖励或荣誉、是否有在赣实习经历、是否社团负责人作为人力资本变量，运用相关性分析检验各变量的相关关系。

如表 1-6-3 所示，留赣就业意愿与就读的大学类型、学历、是否有在

赣实习经历、是否社团负责人有显著相关关系。其中与学历呈显著负相关，学历越高越不愿意留在江西就业。这与近几年留赣就业数据相符合。留赣就业意愿与学习成绩排名、是否获得奖励或荣誉没有相关性。

表 1-6-3　人力资本变量与留赣就业意愿的相关性分析

	留赣就业意愿	就读的大学类型	学历	学习成绩排名	是否获得奖励或荣誉	是否有在赣实习经历	是否社团负责人
留赣就业意愿	1						
就读的大学类型	0.136**	1					
学历	−0.156**	−0.589**	1				
学习成绩排名	−0.017	−0.111**	0.080**	1			
是否获得奖励或荣誉	−0.007	−0.112**	0.205**	0.296**	1		
是否有在赣实习经历	0.151**	−0.120**	0.001	0.105**	0.109**	1	
是否社团负责人	0.023*	−0.034**	0.024*	0.104**	0.207**	0.087**	1

注：***、**、* 分别表示 1%、5%、10% 的统计水平上显著

第四节　社会资本变量对留赣就业意愿的相关性分析

本研究选取家庭收入、父母最高学历、父母最高专业技术职称、父母最高行政级别、父母是否希望受访者留赣就业作为社会资本变量，运用相关性分析检验各变量与留赣就业意愿的相关关系。

如表 1-6-4 所示，留赣就业意愿与家庭收入、父母最高学历、父母最高专业技术职称、父母最高行政级别显著负相关，与父母是否希望受访者留赣就业显著正相关。家庭条件越好的大学生越不愿意留赣就业。

表 1-6-4　社会资本变量与留赣就业意愿的相关性分析

	留赣就业意愿	家庭收入	父母最高学历	父母最高专业技术职称	父母最高行政级别	父母是否希望受访者留赣就业
留赣就业意愿	1					
家庭收入	−0.111**	1				
父母最高学历	−0.098**	0.362**	1			
父母最高专业技术职称	−0.082**	0.257**	0.450**	1		
父母最高行政级别	−0.056**	0.187**	0.275**	0.375**	1	
父母是否希望受访者留赣就业	0.732**	−0.131**	−0.113**	−0.084**	−0.060**	1

注：***、**、* 分别表示 1%、5%、10% 的统计水平上显著

第五节　政治资本变量对留赣就业意愿的相关性分析

本研究选取是否党员、是否学生干部作为政治资本变量，运用相关性分析检验各变量与留赣就业意愿的相关关系。

如表 1-6-5 所示，留赣就业意愿与是否党员、是否学生干部没有直接的相关关系，假设没有得到验证。

表 1-6-5　政治资本变量与留赣就业意愿的相关性分析

	留赣就业意愿	是否党员	是否学生干部
留赣就业意愿	1		
是否党员	−0.017	1	
是否学生干部	−0.018	0.234**	1

注：***、**、* 分别表示 1%、5%、10% 的统计水平上显著

第六节　地方满意度变量对留赣就业意愿的相关性分析

本研究选取经济发展状况、社会资源与公共服务、生态质量、工作生活压力、房价生活成本作为地方满意度变量，运用相关性分析检验各变量与留赣就业意愿的相关关系。

如表1-6-6所示，留赣就业意愿与经济发展状况、社会资源与公共服务、生态质量、工作生活压力、房价生活成本的满意度有着显著的正向相关性，假设得到验证。

表1-6-6　地方满意度变量与留赣就业意愿的相关性分析

	留赣就业意愿	经济发展状况	社会资源与公共服务	生态质量	工作生活压力	房价生活成本
留赣就业意愿	1					
经济发展状况	0.091**	1				
社会资源与公共服务	0.069**	0.740**	1			
生态质量	0.065**	0.582**	0.727**	1		
工作生活压力	0.095**	0.701**	0.744**	0.597**	1	
房价生活成本	0.065**	0.724**	0.657**	0.508**	0.760**	1

注：***、**、*分别表示1%、5%、10%的统计水平上显著

第七节　政策变量对留赣就业意愿的相关性分析

本研究选取对留赣就业政策的了解程度、留赣就业政策对您做出留赣就业的作用、大学生落户政策吸引力、生活补贴政策吸引力、创业贷款政策吸引力、购房补贴政策吸引力、创业扶持政策吸引力、一次性求职补贴政策吸引力、一次性创业补贴政策吸引力、职业技能鉴定补贴政策吸引力、

社会保险补贴政策吸引力、提供的毕业生就业岗位吸引力、提供的毕业生创业环境吸引力作为政策变量，运用相关性分析检验各变量与留赣就业意愿的相关关系。

如表 1-6-7 所示，留赣就业意愿与对留赣就业政策的了解程度呈显著正相关，并与具体的留赣就业政策吸引力有着显著的正相关。

表 1-6-7　政策变量与留赣就业意愿的相关性分析

	留赣就业意愿	对留赣就业政策的了解程度	留赣就业政策对您做出留赣就业的作用	大学生落户政策吸引力	生活补贴政策吸引力	创业贷款政策吸引力	购房补贴政策吸引力	创业扶持政策吸引力	一次性求职补贴政策吸引力	一次性创业补贴政策吸引力	职业技能鉴定补贴政策吸引力	社会保险补贴政策吸引力	提供的毕业生就业岗位吸引力	提供的毕业生创业环境吸引力
留赣就业意愿	1													
对留赣就业政策的了解程度	0.099**	1												
留赣就业政策对您做出留赣就业的作用	0.268**	0.275**	1											
大学生落户政策吸引力	0.153**	0.187**	0.290**	1										

	留赣就业意愿	对留赣就业政策的了解程度	留赣就业政策对您做出留赣就业的作用	大学生落户政策吸引力	生活补贴政策吸引力	创业贷款政策吸引力	购房补贴政策吸引力	创业扶持政策吸引力	一次性求职补贴政策吸引力	一次性创业补贴政策吸引力	职业技能鉴定补贴政策吸引力	社会保险补贴政策吸引力	提供的毕业生就业岗位吸引力	提供的毕业生创业环境吸引力
生活补贴政策吸引力	0.220**	0.144**	0.310**	0.182**	1									
创业贷款政策吸引力	0.197**	0.144**	0.301**	0.191**	0.782**	1								
购房补贴政策吸引力	0.205**	0.144**	0.304**	0.185**	0.797**	0.817**	1							
创业扶持政策吸引力	0.204**	0.145**	0.299**	0.192**	0.771**	0.849**	0.845**	1						
一次性求职补贴政策吸引力	0.205**	0.136**	0.302**	0.204**	0.750**	0.776**	0.795**	0.832**	1					
一次性创业补贴政策吸引力	0.206**	0.137**	0.303**	0.202**	0.765**	0.809**	0.814**	0.877**	0.870**	1				

续表

	留赣就业意愿	对留赣就业政策的了解程度	留赣就业政策对您做出留赣就业的作用	大学生落户政策吸引力	生活补贴政策吸引力	创业贷款政策吸引力	购房补贴政策吸引力	创业扶持政策吸引力	一次性求职补贴政策吸引力	一次性创业补贴政策吸引力	职业技能鉴定补贴政策吸引力	社会保险补贴政策吸引力	提供的毕业生就业岗位吸引力	提供的毕业生创业环境吸引力
职业技能鉴定补贴政策吸引力	0.202**	0.135**	0.305**	0.210**	0.764**	0.780**	0.802**	0.834**	0.859**	0.871**	1			
社会保险补贴政策吸引力	0.209**	0.147**	0.310**	0.196**	0.772**	0.778**	0.800**	0.840**	0.828**	0.855**	0.870**	1		
提供的毕业生就业岗位吸引力	0.208**	0.122**	0.295**	0.177**	0.725**	0.709**	0.732**	0.755**	0.745**	0.764**	0.786**	0.826**	1	
提供的毕业生创业环境吸引力	0.210**	0.127**	0.298**	0.191**	0.726**	0.738**	0.745**	0.780**	0.764**	0.791**	0.802**	0.843**	0.928**	1

注：***、**、* 分别表示 1%、5%、10% 的统计水平上显著

本章小结

本章在前面描述性分析、差异性分析的基础上，进行了相关性分析，以期发现变量之间的关系，识别哪些变量与留赣就业意愿有相关关系。相关性分析发现：（1）留赣就业意愿与性别、是否独生子女显著负相关，与生源地显著正相关。（2）留赣就业意愿与是否喜欢在江西生活显著正相关，与月薪期望显著负相关。对工资期望越高越不愿意留赣就业。（3）留赣就业意愿与就读的大学类型、学历、是否有在赣实习经历、是否社团负责人有显著相关关系。其中与学历显著负相关，学历越高越不愿意留在江西就业。这与近几年留赣就业数据相符合。留赣就业意愿与学习成绩排名、是否获得奖励或荣誉没有相关性。（4）留赣就业意愿与家庭收入、父母最高学历、父母最高专业技术职称、父母最高行政级别显著负相关，与父母是否希望受访者留赣就业显著正相关。家庭条件越好的大学生越不愿意留赣就业。（5）留赣就业意愿与是否党员、是否干部没有直接的相关关系。（6）留赣就业意愿与经济发展状况、社会资源与公共服务、生态质量、工作生活压力、房价生活成本的满意度有着显著的正向相关性。（7）留赣就业意愿与对留赣就业政策的了解程度呈显著正相关，并与具体的留赣就业政策吸引力有着显著的正相关。

第七章
留赣就业意愿及其影响因素的层次回归分析

第一节 模型构建

通过各自变量对留赣就业意愿的影响分析，笔者已初步了解各自变量对大学生留赣就业意愿产生的影响。但由于相关性分析在研究这些因素对留赣就业意愿的影响时，并未控制其他变量对因变量的影响，其结果只能大致判断各自变量对留赣就业意愿有无影响和影响的方向，无法判断所有自变量对留赣就业意愿的协同影响程度。为了分析所有因素交互作用下的情况以及这些因素对留赣就业意愿的协同影响，笔者将通过层次回归分析法来进一步分析大学生留赣就业意愿的影响因素。

模型构建：江西高校大学生留赣就业意愿（行为）=F（政策、个体特征、主观期望、人力资本、社会资本、地方满意度……政策 × 个体特征、政策 × 人力资本、政策 × 社会资本、政策 × 地方满意度、政策 × 主观期望……）随机干扰项。模型设计见表 1–7–1。

表 1-7-1 留赣就业意愿影响因素模型设计表

模型	因变量	自变量
模型 1	留赣就业意愿	人口统计学变量
模型 2	留赣就业意愿	人口统计学变量 人力资本变量
模型 3	留赣就业意愿	人口统计学变量 人力资本变量 主观期望变量
模型 4	留赣就业意愿	人口统计学变量 人力资本变量 主观期望变量 社会资本变量
模型 5	留赣就业意愿	人口统计学变量 人力资本变量 主观期望变量 社会资本变量 地方满意度变量
模型 6	留赣就业意愿	人口统计学变量 人力资本变量 主观期望变量 社会资本变量 地方满意度变量 政策变量

第二节 回归结果分析

一、模型 1：人口统计学变量的影响

以人口统计学变量为自变量、留赣就业意愿为因变量，建立 Logistic 回归模型 1。该模型的 Nagelkerke R Square 为 0.291，性别、生源地、是否独生子女对留赣就业意愿有显著影响。回归系数、标准误、P 值、OR 值见表 1-7-2。

表 1-7-2 模型 1 数据表

		B	S.E.	Sig.	Exp（B）
	性别	−0.168	0.047	0.000	0.845
模型 1	生源地	2.309	0.052	0.000	10.062
	是否独生子女	−0.104	0.058	0.072	0.902
	Constant	−1.112	0.050	0.000	0.329

a. 因变量：留赣就业意愿

二、模型 2：加入人力资本变量

在模型 1 的基础上，将人口统计学变量作为控制变量，加入人力资本变量，建立 Logistic 回归模型 2。该模型的 Nagelkerke R Square 由 0.291 上升到了 0.308，整个模型的解释力提高了 1.7%。回归系数、标准误、P 值、OR 值见表 1-7-3。

模型 2 与模型 1 对比，在控制人口统计学变量后，性别、生源地对留赣就业意愿有显著影响，是否独生子女影响不显著。就读的大学类型、学历与是否有在赣实习经历对留赣就业意愿有显著影响，学历为显著负影响。

表 1-7-3　模型 2 数据表

		B	S.E.	Sig.	Exp（B）
模型 2	性别	−0.172	0.048	0.000	0.842
	生源地	2.200	0.053	0.000	9.025
	是否独生子女	−0.061	0.059	0.296	0.941
	就读的大学类型	0.130	0.025	0.000	1.139
	学历	−0.128	0.050	0.010	0.880
	是否有在赣实习经历	0.536	0.051	0.000	1.710
	是否社团负责人	0.075	0.048	0.119	1.078
	Constant	−1.572	0.165	0.000	0.208

a. 因变量：留赣就业意愿

三、模型 3：加入主观期望变量

在模型 2 的基础上，控制前述变量，加入主观期望变量，建立 Logistic 回归模型 3。该模型的 Nagelkerke R Square 由 0.308 上升到了 0.505，整个模型的解释力提高了 19.7%。回归系数、标准误、P 值、OR 值见表 1-7-4。

模型 3 与模型 2 对比，在控制人口统计学变量及人力资本变量后，性别、生源地对留赣就业意愿有显著影响，就读的大学类型与是否有在赣实习经历、是否喜欢在江西生活、月薪期望对留赣就业意愿有显著影响。

加入主观变量后，根据 OR 值的变化，性别、生源地对留赣就业的影响作用有一定减弱，就读的大学类型、是否有在赣实习经历对留赣就业的影响作用有一定加强。

表 1-7-4　模型 3 数据表

		B	S.E.	Sig.	Exp（B）
模型 3	性别	−0.265	0.054	0.000	0.767
	生源地	1.759	0.062	0.000	5.804
	是否独生子女	0.029	0.068	0.670	1.029
	就读的大学类型	0.148	0.029	0.000	1.159
	学历	0.039	0.057	0.498	1.039
	是否有在赣实习经历	0.583	0.058	0.000	1.791
	是否社团负责人	0.018	0.055	0.738	1.019
	是否喜欢在江西生活	2.679	0.070	0.000	14.570
	月薪期望	−0.177	0.027	0.000	1.194
	Constant	−4.077	0.215	0.000	0.017

a. 因变量：留赣就业意愿

四、模型 4：加入社会资本变量

在模型 3 的基础上，控制前述变量，加入社会资本变量，建立 Logistic 回归模型 4。该模型的 Nagelkerke R Square 由 0.505 上升到了 0.673，整个模型的解释力提高了 16.8%。回归系数、标准误、P 值、OR 值见表 1-7-5。

模型 4 与模型 3 对比，性别、就读的大学类型、是否有在赣实习经历、是否喜欢在江西生活、月薪期望、父母是否希望受访者留赣就业对大学生留赣就业意愿有显著影响，生源地对大学生留赣就业意愿影响由显著变化为不显著。但加入社会资本后，就读的大学类型、是否有在赣实习经历、是否喜欢在江西生活、月薪期望变量影响均有所减弱。

表 1-7-5　模型 4 数据表

模型 4		B	S.E.	Sig.	Exp（B）
	性别	−0.116	0.065	0.076	0.891
	生源地	−0.030	0.090	0.739	0.971
	是否独生子女	0.028	0.086	0.747	1.028
	就读的大学类型	0.138	0.035	0.000	1.148
	学历	0.033	0.069	0.628	1.034
	是否有在赣实习经历	0.477	0.069	0.000	1.611
	是否社团负责人	−0.035	0.066	0.600	0.966
	是否喜欢在江西生活	2.315	0.082	0.000	10.124
	月薪期望	−0.111	0.032	0.001	1.117
	家庭收入	−0.026	0.037	0.472	0.974
	父母最高学历	0.008	0.036	0.825	1.008
	父母最高专业技术职称	−0.064	0.044	0.143	0.938
	父母最高行政级别	0.059	0.076	0.437	1.061
	父母是否希望受访者留赣就业	3.286	0.080	0.000	26.748
	Constant	−4.230	0.278	0.000	0.015

a. 因变量：留赣就业意愿

五、模型 5：加入地方满意度变量

在模型 4 的基础上，控制前述变量，加入地方满意度变量，建立 Logistic 回归模型 5。该模型的 Nagelkerke R Square 由 0.673 上升到了 0.676，整个模型的解释力提高了 0.3%。回归系数、标准误、P 值、OR 值见表 1-7-6。

模型 5 与模型 4 对比，就读的大学类型、是否有在赣实习经历、是否喜欢在江西生活、月薪期望、父母是否希望受访者留赣就业对大学生留赣就业意愿仍有显著影响，性别对大学生留赣就业意愿影响由显著变化为不显著。地方满意度各变量对大学生留赣就业意愿影响显著。但加入地方满意度变量后，除了就读的大学类型、月薪期望对大学生留赣就业意愿影响

有所增强外，其他显著性影响变量的影响都有所降低。

表 1-7-6 模型 5 数据表

		B	S.E.	Sig.	Exp（B）
模型 5	性别	−0.105	0.066	0.111	0.901
	生源地	0.008	0.090	0.930	1.008
	是否独生子女	0.034	0.086	0.695	1.034
	就读的大学类型	0.139	0.035	0.000	1.149
	学历	0.068	0.069	0.323	1.071
	是否有在赣实习经历	0.479	0.069	0.000	1.614
	是否社团负责人	−0.036	0.066	0.589	0.965
	是否喜欢在江西生活	2.292	0.084	0.000	9.893
	月薪期望	−0.190	0.060	0.002	1.209
	家庭收入	−0.019	0.037	0.608	0.981
	父母最高学历	0.013	0.036	0.724	1.013
	父母最高专业技术职称	−0.063	0.044	0.151	0.939
	父母最高行政级别	0.059	0.075	0.434	1.061
	父母是否希望受访者留赣就业	3.281	0.080	0.000	26.593
	经济发展状况	0.213	0.061	0.000	1.238
	社会资源与公共服务	0.142	0.066	0.030	1.153
	生态质量	−0.141	0.049	0.004	0.868
	工作生活压力	−0.186	0.061	0.002	0.831
	房价生活成本	−0.139	0.054	0.011	0.870
	Constant	−4.224	0.293	0.000	0.015

a. 因变量：留赣就业意愿

六、模型 6：加入政策变量

在模型 5 的基础上，控制前述变量，加入政策变量，建立 Logistic 回归模型 6。该模型的 Nagelkerke R Square 由 0.676 上升到了 0.684，整个模型的解释力提高了 0.8%。回归系数、标准误、P 值、OR 值见表 1-7-7。

模型 6 与模型 5 对比，就读的大学类型、是否有在赣实习经历、是否喜欢在江西生活、月薪期望、父母是否希望受访者留赣就业、经济发展状况、社会资源与公共服务、生态质量、工作生活压力、房价生活成本对大学生留赣就业意愿仍有显著影响。政策各变量中仅有大学生落户政策、生活补贴政策对大学生留赣就业有着显著影响，其他各变量影响不显著。

表 1-7-7　模型 6 数据表

		B	S.E.	Sig.	Exp（B）
模型 6	性别	−0.060	0.067	0.367	0.942
	生源地	0.019	0.091	0.836	1.019
	是否独生子女	0.047	0.087	0.591	1.048
	就读的大学类型	0.122	0.035	0.001	1.129
	学历	0.041	0.071	0.560	1.042
	是否有在赣实习经历	0.518	0.071	0.000	1.678
	是否社团负责人	−0.044	0.067	0.513	0.957
	是否喜欢在江西生活	2.216	0.086	0.000	9.172
	月薪期望	−0.170	0.061	0.005	1.186
	家庭收入	−0.009	0.037	0.799	0.991
	父母最高学历	0.009	0.036	0.795	1.010
	父母最高专业技术职称	−0.064	0.044	0.147	0.938
	父母最高行政级别	0.065	0.075	0.388	1.067
	父母是否希望受访者留赣就业	3.228	0.081	0.000	25.239
	经济发展状况	0.184	0.062	0.003	1.203
	社会资源与公共服务	0.112	0.067	0.094	1.118
	生态质量	−0.150	0.050	0.003	0.860
	工作生活压力	−0.202	0.062	0.001	0.817
	房价生活成本	−0.132	0.055	0.016	0.877
	留赣就业政策对您做出留赣就业的作用	0.437	0.054	0.000	1.548

续表

		B	S.E.	Sig.	Exp（B）
模型6	对留赣就业政策的了解程度	−0.090	0.046	0.051	0.914
	大学生落户政策	0.116	0.066	0.079	1.123
	生活补贴政策	0.134	0.081	0.096	1.144
	创业贷款政策	−0.076	0.087	0.384	0.927
	购房补贴政策	0.100	0.087	0.247	1.106
	创业扶持政策	−0.062	0.109	0.572	0.940
	一次性求职补贴政策	0.036	0.098	0.714	1.037
	一次性创业补贴政策	0.094	0.111	0.396	1.099
	职业技能鉴定补贴政策	−0.115	0.106	0.278	0.891
	社会保险补贴政策	−0.164	0.107	0.124	0.849
	提供的毕业生就业岗位	−0.009	0.116	0.939	0.991
	提供的毕业生创业环境	0.178	0.124	0.151	1.194
	Constant	−5.025	0.319	0.000	0.007

a. 因变量：留赣就业意愿

第三节 调节效应分析

一、模型构建

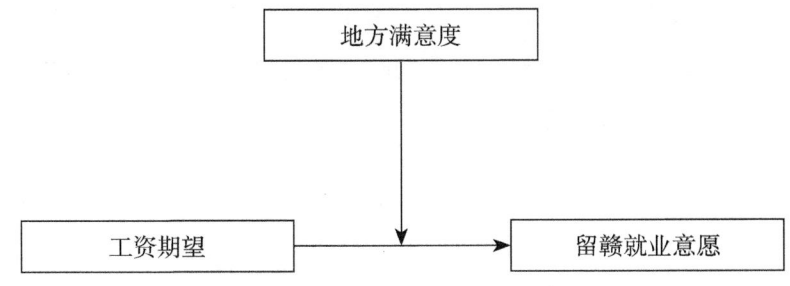

图 1-7-1 理论模型

二、调节效应回归分析

选取性别、生源地、是否有在赣实习经历、是否喜欢在江西生活为控制变量，在此基础上进行自变量、调节变量和交互项的回归分析。同时，为减少模型的多重共线性，对月薪期望和地方满意度进行了中心化，并产生它们的乘积项，然后展开直接效应和调节效应的分析，见表1-7-8。模型1表示控制变量对留赣就业意愿具有41.1%的解释力度。女生相比男生更愿意留赣就业，江西籍比非江西籍学生更愿意留赣就业，有在赣实习经历、喜欢在江西生活的比没有在赣实习经历、不喜欢在江西生活的更愿意留赣就业。就月薪期望对留赣就业意愿的直接影响来看，模型2的结果显示，在控制了性别、生源地、是否有在赣实习经历、是否喜欢在江西生活后，月薪期望的回归系数为-0.261且$P<1\%$，调整后的判定系数$Adj-R^2=0.414$，高于模型1的调整后判定系数（$Adj-R^2=0.411$），模型检验显著，且不存在多重共线性。可见，月薪期望对留赣就业意愿具有显著的影响，且为负向影响，大学生月薪期望越高，越不愿意留赣就业。

就地方满意度的调节效应来看，模型3在模型2的基础上加入月薪期望和地方满意度，结果显示调整后的判定系数有显著提高（$\Delta R^2=0.416$），月薪期望的回归系数为-0.248，$P<5\%$，地方满意度的回归系数为0.158，$P<5\%$，且模型通过F检验，$\Delta F<5\%$。模型4在模型3的基础上加入月薪期望与地方满意度的交互项，结果显示回归系数为-0.080，$P<5\%$，同时，调整后的判定系数有显著提高（$\Delta R^2=0.417$），$\Delta F<5\%$，表明地方满意度对留赣就业意愿有调节作用。大学生地方满意度越高，月薪期望对留赣就业意愿的负向影响关系就越小。

表 1-7-8 月薪期望、地方满意度对留赣就业意愿的分层回归结果

	留赣就业意愿			
	M1	M2	M3	M4
控制变量				
性别	0.275***	0.172***	0.189***	0.197***
生源地	−1.720***	−1.733***	−1.803***	−1.777***
是否有在赣实习经历	−0.541***	−0.556***	−0.561***	−0.554***
是否喜欢在江西生活	−2.779***	−2.736***	−2.632***	−2.632***
主效应				
月薪期望		−0.261***	−0.248***	−0.248***
地方满意度			0.158***	0.189***
调节效应				
工资期望 * 地方满意度				−0.080**
Adj-R^2	0.411	0.414	0.416	0.416
Δ R^2	0.411	0.415	0.416	0.417
Δ F	5.833***	27.843***	67.819***	1766.753***
N	10139	10139	10139	10139

注：***、**、* 分别表示通过 1%、5% 和 10% 统计水平的显著性检验

为了明确调节作用的机理，本研究利用简单斜率分析，绘制出地方满意度在月薪期望与留赣就业意愿关系之间的调节效应，见图 1-7-2。通过图形可以看出，当受访者处于高月薪期望情况时，高地方满意度能够显著降低高月薪期望对留赣就业意愿的负向影响。

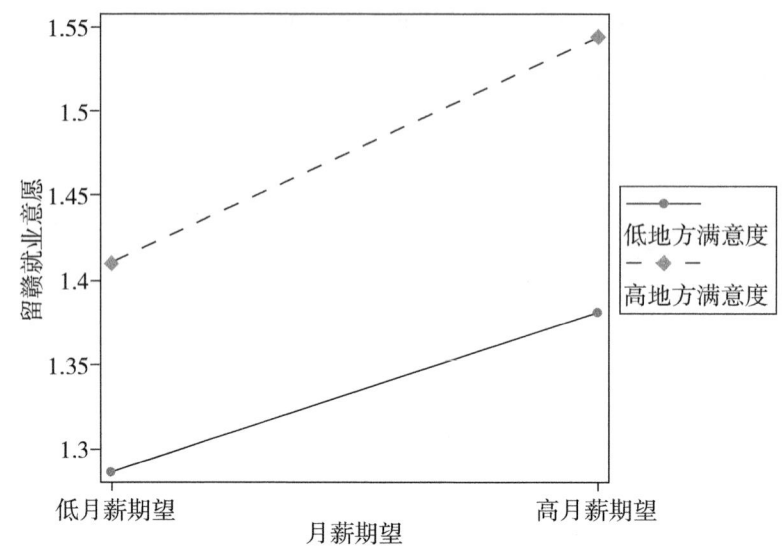

图 1-7-2　地方满意度在月薪期望与留赣就业意愿关系之间的调节作用

第四节　研究结论

一、个人因素对留赣就业意愿存在显著影响

（一）人口统计学变量

性别、生源地、是否独生子女对留赣就业意愿有显著影响。但在加入人力资本变量后，性别、生源地对留赣就业意愿有显著影响，是否独生子女影响不显著。模型 4 加入社会资本后，生源地对留赣就业意愿影响由显著变化为不显著。模型 5 和模型 6 中，加入地方满意度及政策因素后，人口统计学变量对留赣就业意愿均影响不显著了，这说明是否愿意留赣就业，人口统计学变量没有决定性的作用。

（二）人力资本变量

留赣就业意愿与就读的大学类型、学历、是否有在赣实习经历有显著相关关系。其中与学历呈显著负相关，学历越高越不愿意留在江西就业。模型中，随着对人口统计学变量、人力资本变量的控制，学历对留赣就业意愿的影响逐渐不显著。就读的大学类型、是否有在赣实习经历在六个模型中均表现出显著的影响。在模型3中，加入主观变量后，根据OR值的变化，就读的大学类型、是否有在赣实习经历对留赣就业的影响作用有一定加强。模型4中，加入社会资本变量后，就读的大学类型、是否有在赣实习经历对大学生留赣就业意愿的影响均有所减弱。模型5中，加入地方满意度变量后，是否有在赣实习经历对留赣就业意愿的影响有所降低。模型6中，加入政策变量后，是否有在赣实习经历对留赣就业意愿的影响有一定增强，说明就读的大学类型、是否有在赣实习经历是影响大学生留赣就业意愿的重要变量。

（三）主观期望变量

是否喜欢在江西生活、月薪期望对留赣就业意愿有显著影响，且月薪期望对留赣就业意愿的影响是负向影响。但加入社会资本变量后，是否喜欢在江西生活、月薪期望的影响均有所减弱。加入地方满意度变量、政策变量后，月薪期望对留赣就业的负向影响有所减弱。

二、家庭因素对留赣就业意愿的显著性影响仅存在于社会资本变量中的父母是否希望受访者留赣就业因素上

在各变量对留赣就业意愿的影响分析中，社会资本变量中只有父母是否希望受访者留赣就业这个因素对留赣就业意愿有显著性影响。但这一因素的影响也在模型5、模型6中逐渐削弱，说明如果大学生个人对地方满意度低或者觉得留赣就业政策不具有吸引力，父母的期望对大学生作出是否留赣就业不是关键因素。

三、地方满意度因素对留赣就业意愿有显著性影响

留赣就业意愿与经济发展状况、社会资源与公共服务、生态质量、工作生活压力、房价生活成本的满意度有着显著的关系。这说明，作为理性人，大学生在择业时不仅仅看工资收入，还会考虑生活成本等。

四、政策因素对留赣就业意愿影响疲软

政策各因素对留赣就业意愿有着显著的相关性。但是在回归分析中，政策各因素中仅有落户政策、生活补贴政策对大学生留赣就业有着显著的影响，其他各变量影响不显著。这可能是因为政策宣传不到位，调研中，了解就业政策的学生仅有 17.54%，也可能是因为政策吸引力不足。

五、地方满意度对月薪期望与留赣就业意愿的负向关系有调节作用

月薪期望对留赣就业意愿有显著的负向影响，但这种反向影响受到地方满意度的调节。对那些对地方满意度高的大学生来说，月薪期望的负向影响作用会削弱。因为大学生在就业选择时，除了考虑工资待遇，还会考虑房价及生活成本、职业发展空间、工作生活压力等。

本章小结

本章意在分析所有自变量对留赣就业意愿的协同影响程度。为了分析所有因素交互作用下的情况以及这些因素对留赣就业意愿的协同影响，本章通过层次回归分析法来分析大学生留赣就业意愿的影响因素。回归分析发现：（1）个人因素对留赣就业意愿存在显著性影响，特别是人力资本变量中的是否有在赣实习经历、就读的大学类型因素及主观期望变量中的月薪期望、是否喜欢在江西生活因素。（2）家庭因素对留赣就业意愿的显著性影响仅存在于社会资本变量中的父母是否希望受访者留赣就业因素上。（3）地方满意度因素对留赣就业意愿有显著性影响。（4）政策因素对留赣就业意愿影响疲软。（5）地方满意度对月薪期望与留赣就业意愿的负向关系有调节作用。以上因素的影响程度随着控制变量的变化有所变化。

第八章
江西高校留赣就业案例分析及经验总结

第一节　华东交通大学经验总结

一、典型做法

（一）师资队伍专业化

学校成立了就业指导教研室，成为学校招就处下属科室，并配备了专、兼职教师3人（教研室主任专职1人，副主任专职1人，兼职1人），纳入教师岗管理。就业指导教研室人员培训纳入学校整体师资培训规划，定期开展业务培训，打造了由教学名师、人力资源专家组成的专业化高水平教学团队。教师队伍年龄结构合理，教育教学水平高，具有中、高级职称及取得相关职业资格的教师占73.85%。

（二）课程建设精品化

按照"贯穿四年、服务终身"的教育理念，华东交通大学建立了课内与课外、理论与实践、学业与就业、思政与就业相结合的就业指导教育体系，开设"职业生涯与发展规划""创新创业过程与方法""就业指导"全校必修课，贯穿四年培养全过程。就业指导类课程共计52课时。3门就业创业课程已有2门上线，其中"职业生涯与发展规划""创新创业过程与方法"分别已建设为国家线上一流本科课程、全国就业创业金课（全国仅21门）。同时，结合经济发展新业态和新常态，根据毕业生特点及就业特点，学校相关部门及教职员工做好教材建设时效化、校本化，自编出版了就业创业类教材8册，参编江西省高校创新创业教育系列教材2册。

（三）咨询辅导个性化

一是设立了专门的职业生涯、就业创业指导咨询室，并实现了线上预约，学生通过就业系统实现指导预约和网络互动。二是每年开展就业创业服务月活动，引导低年级学生及早做好职业规划，提高毕业生求职动力及就业竞争力。三是对未就业毕业生进行就业意向摸底调查，对未就业毕业生实施动态管理，从求职观念、方法、技能等多方面加强指导。

（四）优先考虑江西企业进校园招聘

为了更好地把优秀毕业生留在江西就业，在校园招聘会上，优先安排赣鄱百强名企进校招聘，随后一周才安排省外企业进校招聘。

（五）开展就业实习，促进大学生就业期望调整

通过实习校招，促使学生提前进入相关企业进行实习，了解岗位、了解行业和了解省情，促使大学生在专业学习和就业方向上理性选择。

（六）与江西企业签订协议，组建企业定向培养班

学校积极与江西企业签订合作协议，组建企业定向培养班。企业为学生提供学费、奖学金、实习等。

二、典型案例

华东交通大学江西建工二建雏鹰计划

为贯彻落实江西省"留住本地人才，引进外地人才"的政策，充分利用高等学校与企业双方在人力资源、科学研究和生产实践的优势，不断提

升高等教育人才培养质量和企业技术创新，更好地促进校企深度合作，共同培养适应产业转型升级和服务地方社会经济的高层次应用型人才，经过双方友好协商，决定在原有的合作基础上共创雏鹰计划，进一步推进"江西建工二建班"的合作，特签订本协议。

一、合作原则

双方遵照合作共赢、合作共创、合作共建的原则。

二、合作内容

1. 共建"江西建工二建班"

（1）甲乙双方共同组建"江西建工二建班"。由甲方从大三年级土木工程、工程造价、暖通、给排水等专业中选拔学生，为乙方提供定向生，组建"江西建工二建班"。冠名班人数力争达到30—50人。

（2）组建程序：由学生个人提出申请，甲、乙双方对符合条件的学生进行选拔审核后，确定"江西建工二建班"班级名单。

（3）班级组建后，由甲、乙及"江西建工二建班"学生三方共同签订定向培养协议。由乙方向甲方支付定向班的定向培养费，定向培养费为甲方大四学年的学费（每人每年5220元，合同期内的定向培养费标准随当年的学费变化而变化）。

（4）乙方为"江西建工二建班"学生设立奖学金，奖学金为10万元/年（凡加入此班的学生均可获得3000元的奖学金），且为学生提供1000元/人班服费，班服印制乙方的标识。

（5）以上所有费用由乙方转入甲方账户。

2. 班级主题活动

（1）乙方为学生提供项目现场观摩活动，选派优秀项目工作人员进行指导，产生的费用由乙方承担。

（2）乙方为学生提供专业技能培训，包括企业文化、企业各类标准等内容，培训地点为乙方办公楼。

（3）乙方为学生定期组织班级主题活动，如团队拓展、心理咨询、乙方企业员工活动等，产生的费用由乙方承担。

3. 学生实习

乙方提前做好"江西建工二建班"学生的就业安置（岗位分配）工作。"江西建工二建班"学生需实习的，乙方提供必要的实习岗位，提供相应的劳动安全保障，购买工伤、意外伤害保险，并按出勤情况支付实习期间生活费。

4. "江西建工二建班"学生待遇

（1）"江西建工二建班"学生享受乙方提供的定向培养费，同时还可以享受国家规定的普通全日制高等学校在校生待遇。

（2）"江西建工二建班"毕业生入职乙方后，乙方保证其纳入单位正式员工用工体系（国企编制），并提供有竞争力的工资待遇和晋升通道。

（3）乙方原则上对"江西建工二建班"毕业生全部接收，但有权对学生在校期间的成绩和综合表现进行监督，对于严重违反校规校纪及不符合用工条件的定向生不予接收，并保留追缴定向培养费和违约金的权利。

三、其他

本协议书一式两份，双方各执一份。未尽事宜，协商解决。

甲方：华东交通大学   乙方：江西建工第二建筑有限责任公司

（盖章）   （盖章）

甲方代表：   乙方代表：

签署时间：   年   月   日

第二节 南昌工程学院经验总结

一、典型做法

南昌工程学院早谋划、早准备，发挥水利特色优势，坚持精准对接专业，创新开展线下"走进赣企 认知岗位"活动和线上"直播带岗"专场招聘会，引导毕业生学在江西、干在江西。

第一，按照学生专业匹配度，组织学生走进在赣企业参观。每月举办一次相关活动，引导师生深入省内企业，了解企业文化，了解行情省情，增强毕业生留赣就业的信心和决心，进一步提升毕业生留赣就业比例，实现毕业生更高质量、更充分就业。

第二，与南昌高新区等联合开展"直播带岗"行业专场招聘会，由本校学生与企业方直播推介区内优质企业，全力推介毕业生留昌就业的工程项目。

二、典型案例

2018 级学生黄聪剑参加了首批"走进赣企 认知岗位"活动，中国电建集团江西省水电工程局的项目让他颇感有用武之地。在线下校园招聘会上，黄聪剑直奔该公司面试，并顺利拿到了录用通知书。

第三节 江西财经大学经验总结

一、强化就业思想引领，建立"一课""一展""四会""两转"就业思想引领工作体系

江西财经大学不断强化就业思想引领，在原有全程化职业生涯教育体系基础上，不断充实就业观念教育体系的具体内涵和内容，并不间断开展相关就业观念教育活动，逐步建立"一课"（就业指导课）、"一展"（基层就业先锋人物展）、"四会"（基层就业政策宣讲会、大学生入伍政策宣讲会、"青春建功新时代"系列分享会、"青春建功在基层"就业教育主题班会）、"两转"（考研和考公失利毕业生的教育转化）就业思想引领工作体系。一是改革就业指导课程教学，将课程思政融入"大学生职业生涯与发展规划"课堂，引领学生建立正确的价值观、成才观、就业观。二是组织开展好公务

员考前培训。据不完全统计，江西财经大学 2021 届毕业生中有近 1000 名报考公职类岗位。为了助力这些毕业生考试成功，学校采取了"考前培训—面试指导—面试模拟"三位一体的举措。通过培训，超过 50% 的参训毕业生进入了公职类岗位或国有企业岗位面试，进入面试的毕业生超过 60% 取得了面试成功。三是着力做好留赣就业引导。通过开展留赣就业专题大调研、开设"留赣就业"网络专栏、建设省内企业实习实训基地和企业俱乐部、邀请江西省知名校友企业来校招聘和宣讲、举办"赣鄱名企招聘会"等举措，有力引导毕业生留赣就业创业。

二、拓展省内外就业市场，大力提升市场性就业岗位供给

一是主动对接校外资源和第三方机构平台。学校及时对接上级就业工作部门，以及各省市人才办、第三方招聘平台等，共建平台，力促毕业生就业。二是筛选就业需求信息向毕业生精准推送。学校充分利用网络信息渠道，将毕业生源信息向用人单位发布，广邀用人单位来校招聘；通过就业信息网、微信公众号等渠道精准推送就业资讯，动员鼓励毕业生积极应聘。三是搭建校企合作平台，为学生提供实习、就业机会。学校加强与校友单位及重点用人企业的就业工作联系，与部分优质企业设立实习、就业基地，巩固和拓展就业市场。四是增加校园招聘会。各培养单位积极调动校内外资源，开拓就业市场，保障就业岗位供给，承接承办校园招聘会。

三、优化提升就业服务水平，做好困难学生就业帮扶

一是充分利用信息化手段促进就业。学校及时将就业信息网纳入学校"统一身份认证"端口，方便毕业生访问浏览信息；同时在"智慧江财"微信平台上，开通"招就"模块，每天实时更新各培养单位毕业生去向落实统计情况，方便校院就业工作领导小组成员、毕业班班主任查看并督促就业工作进展；在已实行毕业生与用人单位线上签约的基础上，推动毕业生就业推荐表的线上核发，极大方便用人单位和毕业生就业手续办理。二是

做好困难学生就业帮扶工作。实施新修订的《就业困难毕业生帮扶办法》，分时间节点对家庭经济困难或就业能力欠缺导致就业困难的毕业生进行建档、开展帮扶，为家庭经济困难的学生专门发放校级求职补贴。三是继续做好校内就业双困生的建档和就业帮扶工作。各培养单位结合自身实际，向就业困难的毕业生提供一对一或多对一的就业指导帮扶服务，让就业困难的毕业生感受到学校的关怀；在就业规划和指导课中加入省情教育内容，邀请省内企业代表及校友来校参加"职业大讲堂"和"引才政策宣讲会"，介绍企业情况及相关地方人才政策，增强学生留赣就业的信心。

第四节 南昌大学经验总结

南昌大学通过着力开展"四业行动"，让毕业生了解江西、爱上江西、留在江西、服务江西。

一、聚焦行业，了解江西

南昌大学开展"稳字当先、把根留住"就业主题宣传服务月活动，联系江西企业来校招聘；在招生就业网设置"江西就业"栏目，及时发布、宣讲省内行业现状、发展趋势、人才需求及跨行业就业动态信息；不断改善就业指导师资队伍结构，增加省内校友、省内企事业单位 HR 担任就业指导教师比例，邀请省内校友和就业创业导师指导学生就业创业。

二、夯实学业，爱上江西

南昌大学加强省内实习实训，依托三学期制改革，发挥实践育人功能，引导学生走出校园，走进江西工厂企业。学校已建设省内实习实训基地 493 个。同时，通过 VR 技术打造出沉浸式红色资源教学平台，积极向学生宣传赣鄱文化，把红色基因注入学生成长成才的全过程。

三、强化创业，留在江西

南昌大学通过学校、学院和省内企业三方联动，让专业实验及科学研究与实际问题紧密联系，以全国"互联网+"大学生创新创业大赛为抓手，积极打造创客空间，推进创新创业项目与江西产业发展深度融合，提升学生创新能力和实践本领。

四、提升就业，服务江西

南昌大学加大对江西企事业单位人才服务力度，完善学校网络招聘服务平台，为省内企事业单位提供精准服务；开通"鼠标就业"和"手机就业"平台，吸引江西企业入驻。

第五节　南昌航空大学经验总结

一、找准关键枢纽

学校始终坚持"培养什么人、怎样培养人、为谁培养人"这个根本性问题，并围绕"人到哪里去"的人生选择，以职业发展与就业指导课程思政改革为切入点，加强学生思想政治教育，通过职业发展与就业指导课程这个"关键枢纽"，打通第一课堂和第二课堂学生教育管理，持续探索人才培养方式方法。

二、开展系统设计

学校成立大学生职业发展教育中心，以"一生一方案"为核心，坚持"一体化进阶式"课程思政改革创新理念贯穿整个过程，强化系统性设计和遵循学生成长规律，打造"四年一贯、分阶递进、精细项目、个性发展"的学生职业发展教育管理体系。在具体操作上，学校研发学生"个性化成长方案"，方案涵盖"专业知识技能""可迁移技能""自我管理技能"等3

项一级指标，下设 12 项二级指标和 39 项三级指标，将 4 年生活设计变成 8 个学期的具体发展目标。方案通过自设目标—自主发展—自我评价—持续改进，引导学生将知易行难、行难持久的难题，转化成可执行、可观测、可评估、可改进的具体实践，构建起学生四年一贯的职业生涯规划教育管理服务体系，不断激发学生自主发展内生动力和"三全育人"系统能力。

三、强化持续改进

学校每年开展春、秋两季学生思想动态调研。结合学业发展、行为养成等要素，学校每学期开展一次学生个性化成长方案的评估工作，引导学生总结上一学期的个性化成长情况，设计新一学期的个性化发展目标，并根据调研、学业和学生行为养成等情况，及时调整学校管理政策和策略，实现人才培养体系持续改进。

四、提升培养质量

近 4 年来，学校人才培养质量实现持续提升。"一生一方案"改革实践获教育部首批"高校职业生涯咨询特色工作室"；就业创业类课程获江西省一流课程。实施该方案以来，学生自主发展执行度达到 80% 左右，学风建设有了长足的进步。广大学生牢固树立为祖国、为民族、为人民服务的职业理想，为人类立大志、明大德、成大才、担大任的就业担当，努力成为堪当民族复兴重任的时代新人。实施该方案以来，学生学籍异动率"十三五"期间下降了一半；优秀三好学生评优率提升了一倍；考研升学率从 2016 年的 12.4% 上升至 2021 年的 27.51%；就业率持续位列全省前列。

第六节　赣州部分大学经验总结

赣州市的 10 所高校（江西理工大学、赣南师范大学、赣南医科大学、赣南科技学院、赣南师范大学科技学院、赣州师范高等专科学校、江西应用技术职业学院、江西环境工程职业学院、赣南卫生健康职业学院、赣州职业技术学院）留赣就业的做法如下：

一、把用人单位请进校园请上线，实现线上线下就业

赣州各高校召开全校就业动员大会，举办江西专场招聘会，举办就业+互联网云招聘等多种形式的线上线下招聘会，努力完成就业工作，特别是留赣就业工作。

二、把毕业生送到园区送进企业，实现面对面现场就业

赣州各高校通过联系当地政府部门，根据用人单位需求，把毕业生送至当地工业园区、校友企业进行交流、考察和面试，实现面对面现场签订就业协议。

三、把地方政府有关部门请进校园，实现流程一站式就业

赣州各高校积极主动联系和安排各用人单位带队到高校招聘，帮助学生实现流程一站式就业。这个流程实现人才政策解读、省情市情宣讲、用人需求介绍、用人单位面试和就业协议办理等一站式服务，解决地方政府、用人单位、高校和毕业生等的后顾之忧。

四、校地签订就业协议，以实习带动就业

赣州各高校通过与地方政府部门签订就业协议，统一安排实习场地，统一安排实习时间，打造"高校—政府—中小学校"实习—就业模式。

五、挖掘高校文化基因，开展特色文化教育

赣州各高校充分挖掘赣南红色资源，通过因势利导、典型宣传，开展红色精神教育，鼓励毕业生服务江西、服务苏区和服务基层。

本章小结

第一，加大留赣就业政策宣传。各高校在招生就业网站均设置有江西就业栏目，这在一定程度上让学生了解了留赣就业政策，同时也在线下悬挂留赣就业的标语，营造学生留赣就业的氛围。

第二，与江西企业、人力资源部门等建立合作关系。比如开展定向培养。华东交通大学的做法实质上是提前预订人才，培养企业需求的人才，有利于学生实质上留赣就业。

第三，搭建学生到江西企业实习的平台。大部分学校均采取了此种举措。在实践中，此种举措确实提升了学生对江西企业的了解，有利于学生留赣就业。

第四，在就业指导课程中加强省情教育。江西财经大学和南昌大学邀请江西企业校友开展针对性指导，具有一定的借鉴作用。部分赣州高校把留赣就业工作与教研室绩效挂钩也值得借鉴。

本章通过观察法、一对一访谈法、会议座谈法、资料分析法等方式对江西部分高校的留赣就业工作进行了资料收集，梳理了华东交通大学、江西财经大学、南昌工程学院、南昌大学、南昌航空大学、赣州10所高校相关做法。研究发现，留赣就业工作在各高校已经得到高度重视，有共同的做法，也有个性化的做法，如各高校均有留赣就业政策宣传，均与江西企业、人力资源部门等建立了合作关系。但是留赣就业工作仍存在很多盲区，仍需进一步形成科学机制，研究如何提升实效。

第九章

中国式现代化视域下江西高校大学生留赣就业扶持机制设计

　　"十四五"期间，江西发展环境面临深刻、复杂的变化。《江西省国民经济和社会发展第十四个五年规划和二〇三五年远景目标纲要》指出："当前和今后一个时期，中华民族伟大复兴的战略全局与世界百年未有之大变局相互作用、相互激荡，我国进入新发展阶段，江西面临一系列新机遇和新挑战。"《江西省"十四五"就业促进规划》指出："深入推进工业强省战略，增强制造业创新能力，提升产业链供应链稳定性和竞争力，促进制造业提质增能，加快数字化发展，畅通国内外产业循环；大力实施'2+6+N'产业高质量跨越式发展行动，推动江西省产业集群发展，打造更多制造业就业增长点，创造更多高质量的就业机会"，"促进高校毕业生市场化社会化就业。拓宽就业渠道，结合省内现代产业体系建设，创造更多有利于发挥高校毕业生专长和智力优势的知识技术型就业岗位，吸引和引导更多高校毕业生留赣就业。健全激励保障机制，对接省级重大区域发展战略，引导高校毕业生到战略性新兴产业、现代农业和现代服务业以及平台经济等领域就业。助力乡村振兴战略实施，统筹推进'三支一扶'计划等基层服务项目，引导高校毕业生到城乡基层就业"。

相关数据及实地调研显示，虽然江西出台了留赣就业政策，但政策绩效并不理想，"留下来加油赣"还未能在学生中达成普遍共识。这里面有学生个人因素（人力资本、个人主观期望）的影响，也有家庭因素（社会资本）、社会因素（地方满意度）的影响，同时也存在留赣就业政策吸引力不强的问题。鉴于此，笔者提出以下建议：

第一节 成立江西省留赣就业专门业务主管机构

笔者研究发现，大学生对留赣就业政策认知度低，调研中八成以上的大学生没有听说或只是听说过留赣就业政策，并不具体了解。因此，成立江西省留赣就业专门业务主管机构十分必要。其主要业务包括：

一、动态推进政策宣传

政策宣传虽然各高校都有线上线下动作，但及时性、准确性、完整性并没有得到保障。专门业务主管机构的成立有助于及时将政策落实落地落细，从而提升大学生的留赣情感，促使大学生留赣就业意愿转化为留赣就业行为。

二、统一开发就业指导课程，培训熟知省情的就业指导队伍

课程是教学的参照，没有成熟、完善的就业指导课程，就难以形成普遍的留赣就业指导教育。同时，就业指导教师多为兼职，变动性大，有课程便有抓手，不会因教师队伍的更替而出现教学质量问题。

三、定期开展多元化留赣就业竞赛，以赛促留赣

人的本质是一切社会关系的总和，人是在实践中不断生成自我的。大学生亦是在实践中形成一定的就业观的。专门业务主管机构可以开展留赣

就业比赛，设置相应的激励举措，对在竞赛中获得优异成绩的大学生给予奖励，形成以留赣就业为荣的竞争性留赣就业氛围。

四、大力宣传留赣就业典型

目前，国家在基层就业典型的宣传方面积累了很多有益的经验。专门业务主管机构可以借鉴基层就业政策宣传的方式，对留赣就业典型进行大力宣传。一方面，要大力挖掘留赣就业成功典型案例，通过全媒体进行无缝宣传引导，让留赣就业理念深入人心。另一方面，要把典型人物请进校园开展留赣就业专题教育，让大学生与留赣就业典型人物零距离接触，了解典型人物的心路历程，以留赣典型促留赣意愿转化为留赣行为。

第二节　强化校地企合作

"十四五"期间，江西将实施更加开放、更具吸引力的人才政策，以引进培养顶尖科技人才为目标，持续开展"才聚江西、智荟赣鄱"等引才活动，实施省"双千计划"和省高层次、高技能领军人才培养工程，大力引进培育战略型人才、科技领军人才、创新团队，进一步加大院士后备人选支持力度，深入开展赣籍人才回归工程，鼓励赣籍人才通过总部回迁、项目回移、资金回流、技术回馈等方式支持家乡建设，推动本土高校人才供需深度对接，本土高校毕业生留赣比例稳中有升。

笔者研究发现，是否有在赣实习经历、是否喜欢在江西生活对大学生留赣就业意愿有着显著的影响，且在加入政策变量后，是否有在赣实习经历对大学生留赣就业意愿的影响有一定增强。因此，政府、高校应遵循辩证唯物主义认识论，把握大学生对留赣就业认识的主要矛盾，利用地缘优势，搭建大学生与在赣企业交流的平台，积极组织引导大学生在赣实习，促使优质实习岗位与大学生匹配。

第一，加强高校与各地人力资源和社会保障机构的合作，开展高校毕业生走进县城、走进园区等系列活动。高校要邀请各地人力资源和社会保障机构带领地方企事业单位走进校园开展人才政策宣讲、岗位招聘等活动，加速推进校地深度合作；助力乡村振兴战略实施，统筹推进"三支一扶"计划等基层服务项目，引导高校毕业生到城乡基层就业；为有意愿、有能力的高校毕业生创新创业提供资金、场地和技术等多方面支持。

第二，建立实践基地。高校应优先与省内企事业单位建立就业创业实践基地，开展大学生走进工厂、走进车间等教育活动；健全激励保障机制，对接重大区域发展战略，引导高校毕业生到战略性新兴产业、现代农业、现代服务业和平台经济等领域就业。

第三节　优化留赣就业政策

人才强省战略已是各省普遍采取的发展战略。为了吸引人才，各省出台了相应的政策。江西毗邻省份竞相在人才住房保障、购房补贴、生活补贴、社会保险补贴等方面出台相应的政策。但各省政策趋同，区别度不高。当前，江西加快建设创新型省份，坚持创新在现代化建设全局中的核心地位，把科技创新作为全省高质量跨越式发展的战略支撑，深入实施科技强省战略、人才强省战略、创新驱动发展战略，推进创新链、产业链、人才链、政策链、资金链深度融合。在江西坚持人才优先发展，加快各层次人才培育引进，完善引才聚才育才用才政策体系，努力培养造就一支结构合理、素质优良的创新创业人才队伍的背景下，留赣就业政策更应注重针对性。

笔者研究发现，留赣就业政策对大学生的吸引力不大，主要是因为留赣就业政策大多具有笼统性、同质性。为提升大学生对江西的满意度，提升大学生留赣就业意愿，相关职能部门应出台针对性的留赣就业政策。

第一，留赣就业政策要有真金白银。笔者在调研中发现，非江西籍的江西高校大学生留赣就业意愿不强，主要是因为家不在江西。江西的房价高于湖南，但工资却低于湖南。与江苏、浙江等发达省份比，虽然江西房价低，但工资也大大低于这些省份。在这种情况下，非赣籍江西高校大学生要留在江西就业，其生活成本就更高，压力就更大。因此，相关职能部门要出台相关政策，以解决他们的后顾之忧。

第二，留赣就业政策要分人才层次，高职高专、本科、研究生应有针对性的政策包。江西加快建设创新型省份，需要各类人才。高职高专毕业生、本科生、研究生都是建设现代化江西的人才力量。笔者调研发现，高职高专毕业生更倾向于留赣就业，学历越高越不愿意留赣就业。针对这种情况，相关职能部门要对留赣就业政策进行细化，针对不同层次的人才制定更具针对性的留赣就业政策。

第四节　统筹用好体制内就业岗位

现代化江西建设需要大批的新生力量。但是目前，江西在基层公务员招录、中小学教师招录等方面没有显著优势。因此，应考虑现实情况，更加合理地统筹安排好各类考试的时间。公务员招考、教师招考、事业单位招考等，应宜早不宜迟，以利于毕业生报考，留住人才。

第一，前移江西省各类事业单位、国有企业考试时间，尽早延揽天下英才。江西省各地方政府事业单位和国有企业、民营企业等应尽早启动招聘程序和活动，有条件的单位可提前一个学期启动校园招聘活动。毕业季第一个学期9月份启动，最晚也要在毕业季第二个学期三四月份启动，这样有利于江西高校毕业生留赣就业，也有利于外省高校毕业生来赣就业。

第二，优化招聘考试程序，提升高校毕业生求职体验。考虑到高校毕业生求职面临报名、笔试、面试等诸多环节，各级地方政府人社部门应优化招聘流程，把招聘工作做好做实做细，提升高校毕业生留赣来赣求职体验，欢迎五湖四海的高校毕业生到江西就业创业。

第三，加快数字化建设，优化教师资格证书认定程序，前移证书认定时间。当前，中小学教师资格证书的认定从4月到8月底，时跨6个月，其间高校毕业生已离校，证书认定材料发放晚，严重影响毕业生顺利就业。因此，建议江西省人力资源和社会保障厅、教育厅加快建设教师资格证书认定的数字化平台，优化办理教师资格证书认定流程，把教师资格证书认定时间提前至 6 月完成。

第五节　提高大学生工资待遇

《江西省国民经济和社会发展第十四个五年规划和二〇三五年远景目标纲要》指出，展望二〇三五年，江西将与全国同步基本实现社会主义现代化。到那时，全省经济总量和城乡居民人均收入将迈上新的大台阶。文化强省、教育强省、人才强省、健康江西建设取得更大成效，居民素质和社会文明程度达到新高度，赣鄱文化软实力显著增强。高标准建成美丽中国"江西样板"，人与自然和谐共生，生态环境质量保持全国前列。人均地区生产总值基本达到中等发达国家水平，中等收入群体显著扩大，基本公共服务实现均等化。老区人民生活更加美好，人的全面发展、全体人民共同富裕取得更为明显的实质性进展。在中国式现代化建设历程中，工资待遇是影响江西高校大学生留赣就业意愿的重要变量。

作为"现实的人"，江西高校大学生来自全国各地，有着追求更高水平生活和实现职业理想、生活理想的需求。工资待遇是支撑他们个人追求的基本物质条件。

研究也发现，工资待遇是大学生择业的首要关注因素。在开放、透明、信息化的劳动力市场，大学生流入工资水平高的劳动力市场所需成本大大降低。相对于毗邻省份，江西经济发展及工资水平实际上处于弱势地位，大学生人才流失严重。江西应加强劳动力市场改革，在发挥市场决定作用的基础上加强政府有效宏观管理，加强对大学生初次就业工资水平的指导，建立竞争性的薪酬优势，增强大学生留赣就业意愿。从长远来看，这不仅能聚拢人才，而且有助于发展路径的创新转型，为创新驱动发展战略奠定智力基础。

第六节　努力提高留赣就业大学生幸福感

"十四五"时期是我国"两个一百年"奋斗目标承前启后的历史交汇期，是全面建设社会主义现代化新江西的开局起步期，也是江西"在加快革命老区高质量发展上作示范、在推动中部地区崛起上勇争先"的关键跨越期。健全完善公共服务体系，持续推进基本公共服务均等化，着力扩大普惠性非基本公共服务供给，丰富多层次多样化生活服务供给是江西坚持以人民为中心、改善人民生活品质、提升民生福祉的重大举措，是促进社会公平正义和社会稳定、推进共同富裕的应有之义，是更好释放内需潜力、构建新发展格局的重要支撑，对增强人民群众获得感、幸福感、安全感，促进人的全面发展和社会全面进步，具有十分重要的意义。

江西高校大学生在中国式现代化建设进程中成长，他们是现代化江西建设的主力军，但是他们更是"现实的人"，有着不同层次的需求。

研究发现，地方满意度显著调节工资期望对留赣就业意愿的负向影响。地方政府应以习近平总书记就做好中部地区崛起工作提出的八点意见为根本遵循，努力营造良好平等有活力的就业市场环境，提升城市舒适度，提高城市幸福指数，协调推进劳动力市场供需矛盾，用马克思主义唯物辩证法和历史辩证法的科学思维，把握劳动力市场供需矛盾的事实与现实，用发展的眼光积极承接新兴产业布局和转移，推动绿色高质量崛起，打造美丽宜居幸福江西。

本章小结

本章在前述几章理论研究、实证研究、案例研究的基础上，在现代化江西建设的宏观背景下，提出了江西高校大学生留赣就业扶持机制：

（1）成立江西省留赣就业专门业务主管机构。（2）强化校地企合作。（3）针对性优化留赣就业政策。（4）统筹用好体制内就业岗位。（5）提高大学生工资待遇。（6）健全完善公共服务体系，努力提高留赣就业大学生幸福感。

第二篇　留赣创业篇

绪论

一、问题的提出

党的二十大报告明确指出要完善促进创业带动就业的保障制度，支持和规范发展新就业形态。事实上，为了解决大学生的就业创业问题，政府出台了《关于促进以创业带动就业工作的指导意见》《国务院办公厅关于深化高等学校创新创业教育改革的实施意见》等一系列政策文件，促成了政府激励创业、社会支持创业、大学生勇于创业的"大众创业、万众创新"的新局面。大学生创业不仅能解决自身就业问题，更能以创业带动就业，促进创新型经济的发展。鼓励大学生创业不是以创业带动就业的权宜之策，而是促进社会创新、推动创新型国家建设的长久之策。

近年来，江西颁布了诸多创业政策，以吸引高校毕业生在赣创业。在凝心聚力全面建设社会主义现代化江西新征程、高质量推进美丽江西建设的伟大实践中，吸引更多的高校毕业生在赣创业是江西实现全面振兴的关键。2023 年 8 月，江西出台了《江西省关于实施重点群体创业推进行动的工作方案》，明确聚焦高校毕业生等重点群体，实施八项行动十八项具体举措，支持和促进更多重点群体创业。到 2025 年底，每年开展创业培训不少于 8 万人次；每年帮扶离校 5 年内高校毕业生创业 1.2 万人次以上；每年新认定一批省级创业孵化示范基地；每年发放创业担保贷款不少于 150 亿元。

然而，创业是一个风险性高的活动。创业政策在推动大学生留赣创业意愿方面有着怎样的作用？这些创业政策有着怎样的维度？大学生自身人力资本如何影响大学生留赣创业意愿？对这些问题的准确回答对于引导江西高校大学生积极投身于江西经济建设，为江西高质量实现 2035 年远景目标贡献力量具有重大的现实意义。

二、文献综述

（一）创业政策对大学生创业的影响

创业政策对创业活动有着重要影响。Anders Lundstrom 和 Lois Stevenson 认为，创业政策是为激励创业精神并促进创业活动而采取的政策措施。Jock 认为，创业政策是政府为鼓励企业创立、成长的政策措施，其本质是刺激创业，旨在促进创业者和潜在创业者创业。方世建、桂玲指出，创业政策通过改进制度环境和文化环境，通过激发创业动机、提供创业机会和培育创业技能来促进创业活动。龚秀敏认为，创业政策的激励功能通过创业教育等激励性政策激发创业群体的出现，支持功能对创业活动的个体给予政策支持。姜国俊、曾琳认为，创业政策旨在刺激创业，鼓励更多的人把创业当作一种职业选择。

创业政策根据不同的维度可以有不同的划分。张骁、李嘉依据创业周期理论，将创业分为萌芽期、种子期、初创期、发展期和成熟期 5 个阶段，不同的创业周期需要不同的创业政策。李宏岳从内容上将创业政策分为供给型政策、需求型政策和环境型政策。雷良海、贾天明依据人才、资本、服务和文化 4 大要素，将创业政策分为人才型政策、资本型政策、服务型政策、文化型政策。陈成文、孙淇庭认为，创业政策可分为创业教育培训政策、创业促进政策、创业融资政策和创业环境政策。周劲波、陈丽超认为，创业政策可分为改善创业环境型、提高创业能力型、减少创业风险型。王玉帅等将创业政策分为中小企业延伸政策、新企业创立政策、细分创业政策和全面创业政策。笔者依据大学生创业所需要的资本、服务、文化要素，将创业政策分为资本型政策、服务型政策、文化型政策。

国内外学者对创业政策对大学生创业意愿的影响做了深入的研究，这为我们更好地开展大学生留赣创业的研究提供了非常重要的指导与借鉴。但相关研究也存在一些有待提升的空间。以往对创业政策对大学生创业意愿的影响多为定性研究，集中在创业政策文本研究和政策完善上，而定量研究较少。同时，现有文献多将创业政策作为单一维度来研究其对大学生创业意愿的影响，从不同维度分析其对大学生创业意愿影响的研究较少。大学生创业意愿受创业政策的影响，创业政策是否能够增强大学生的创业意愿？创业政策不同的维度对大学生的创业意愿有怎样的影响？为解答这些问题，本研究基于江西高校的调查问卷数据，实证分析江西创业政策对大学生留赣创业意愿的影响，为完善相关创业政策，提升大学生留赣创业意愿提供理论依据。

（二）创业激情对大学生创业的影响

创业是以相互依赖的事件为特征，其在本质上拥有丰富的情感，是通过"认知、情感和生理元素的动态性相互作用"引发感觉和情绪的活动。激情是个体能够激发行动动力和欲望的积极情感与表现。当这种情感和行为是基于理性思考时，激情驱动的行为就会产生积极的影响。创业激情是指创业者在创办新企业或开展新业务时所表现出的强烈、积极的情感和动力。学者们主要从特质及情绪两个方面对创业激情的概念进行了鉴定。Baum 等认为，创业激情是能够预测创业者行为的一种个体特质，是个体对创业工作的爱的情感、依恋和渴望。

近年来，创业激情对大学生创业意愿的影响成为学者们关注的一个新的领域。芮正云指出，创业激情能够激发创业者努力克服创业中的困难。谢雅萍、陈小燕认为，创业激情赋予创业者力量来实现目标，促进创业者坚持创业。周键指出，高创业激情的创业者能够投入更多的精力到创业中。谢雅萍等研究得出，创业激情能激发创业意愿和创业动机，促进创业行为的发生。Chen 等研究指出，创业激情促使潜在创业者将创业想法转化为创业实践。

针对不同的创业激情概念，学者们对创业激情的维度也做出了不同的划分。张剑等将创业激情分为个体层面的创业激情、团队组织层面的创业激情。Breugst 等根据创业活动内化到创业者身份认同中的方式，将创业激情分为和谐创业激情和强迫创业激情。Cardon 根据创业者在创业活动中的不同身份，将创业激情分为发现激情、创建激情和发展激情。本研究将创业激情分为身份认同、愉悦、心流、韧性、冒险 5 个维度。

现有文献为大学生创业意愿影响的研究提供了丰富成果，然而，仍存在以下有待进一步改进的空间：第一，从研究视角看，现有文献对大学生创业意愿的影响因素研究主要集中在创业者个体特征上，而从创业者创业激情角度进行研究的很少；第二，对大学生创业激情的研究多为定性研究，而定量分析创业激情对大学生创业意愿影响的研究较少。大学生创业意愿受创业激情的影响，创业激情是否能够增强大学生的创业意愿？现有研究对这个问题并没有给出科学的回答。为此，本研究基于江西 9 所高校的调查问卷数据，实证分析创业激情对大学生留赣创业意愿的影响，为提升大学生留赣创业意愿提供理论依据。

三、研究思路

本研究坚持以马克思主义世界观和方法论为指导，遵循从理论到现实、从现实再上升为理论的逻辑思路，以学理研究、实证验证、形成策略环环相扣开展研究。本研究基于江西省情、毕业生创业意愿实证调研，分析毕业生留赣创业的影响因素，提出促进高校毕业生留赣创业的对策、建议。

四、研究方法

（一）文献研究法

对大学生创业、创业政策、创业激情相关概念予以界定，对相关文献进行综述，梳理相关研究思路、研究内容、研究方法与研究结果等，对社会认知理论、自我效能理论进行分析，为本研究奠定一定的理论基础。

（二）问卷调研法

问卷的编制。根据研究的目的，结合已有研究文献，以及江西促进大学生创业的政策文件，自编"江西省高校毕业生留赣创业意愿及影响因素调查问卷"。

通过问卷调查收集相关数据。笔者共计回收 700 份问卷，剔除掉答案相同、填写不完整的问卷，最终获得有效问卷 670 份。样本的有效回收率为 95.7%；受访者中，男生占 54%，女生占 46%；江西籍生源占 82%，非江西籍生源占 18%；独生子女占 34.9%；有创业意向的占 86.7%。样本特征符合在赣高校大学生实际，具有典型性和代表性。

（三）案例研究法

对 4 个留赣创业典型进行案例分析。

五、小结与展望

国内外学者对大学生创业问题进行了深入研究，这为我们更好地开展大学生留赣创业研究提供了非常重要的指导和借鉴。在研究对象上，本研究专门分析江西高校大学生留赣创业，进行大样本调查，系统研究江西高校大学生留赣创业的意愿（行为）与创业政策、创业激情的关系。在研究视角上，本研究从创业政策、创业激情等角度分析对大学生创业意愿的影响。

第一章
相关概念界定及理论基础

第一节　相关概念界定

一、大学生创业

创业这一概念并未在学术界达成共识。Lazera 认为，创业是将人力资源与社会资源整合，采用最小的时间、人力、资金成本创造出新的产品的过程。有研究认为，广义的创业是指个体识别机会、抓住机会，利用自身有关创业的知识技能，创造出新的产品与服务的过程。狭义的创业是指个体从无到有建立新的企业。本研究认为，创业是指个人或团体为了追求利润或价值，在市场上创造新的产品、服务或业务模式的过程。创业者通常希望利用自己的创新、冒险和创造力来开发新的商业机会，并通过不断的努力和风险承担来实现自己的商业愿景。创业的概念通常包括创新、风险承担、商业愿景、市场机会等要素。创业通常涉及创新，即开发新的产品、服务或业务模式，或者改进现有的产品、服务或业务模式。创新是创业成功的关键因素之一，它可以为创业者带来竞争优势并满足市场需求。创业过程中往往伴随着各种风险，包括财务风险、市场风险、竞争风险等。创业者通常愿意承担这些风险，以期望在成功时获得更高的回报。创业者通常会有明确的商业愿景，即他们想要实现的长期目标和愿景。商业愿景涉及利润最大化、社会责任、产品创新等方面。创业的基础是市场需求和机会。创业者通常会通过市场研究来确认目标市场的需求，并寻找可以满足这些需求的商业机会。

大学生创业是指在大学阶段，由在校大学生或毕业不久的年轻人自主创立或参与创立企业、项目或组织的行为和过程。大学生创业的概念包括年龄和教育背景、自主创立或参与创立以及企业、项目或组织等关键要素。创业者必须是在大学阶段，通常指的是正在读大学的学生，或者是刚刚毕业不久的年轻人。大学生创业者可以自己独立创办企业，也可以与其他人合作共同创立企业。此外，他们还可以加入其他创业团队或组织，积极参与创新和创业活动。大学生创业可以涉及创建新的企业，开发新的产品或服务，推动社会创新项目，或参与非营利性组织的创建和管理。创业的形式可以多种多样。

二、留赣创业意愿

创业意愿是指个体或团队希望参与创业活动并愿意承担与之相关的风险和挑战的意愿。这种意愿表现为希望创立新的企业，开发新的产品或服务，或者积极参与创新和商业活动。

留赣创业意愿是指大学生留在江西创业的愿望程度，是在赣高校就读的大学生根据个人的人力资本特质和对江西创业环境的把握，对毕业之后是否留在江西创业的愿望及倾向。

三、创业激情

Cardon 等人指出，创业激情是一种积极且强烈的情感，而不是创业者天生就具备的特质。他们认为，创业激情与个体参与具有重要身份认同的工作相关。其中，创新者身份、创建者身份和发展者身份是个体创业激情的重要方面。Cardon 等人从情感视角出发，强调了创业者与他们的企业之间的情感联系和认同感。他们使用"企业是创业者的孩子"这个隐喻来表达创业者对其创业活动的深刻情感连接。Cardon 等人将创业激情划分为 3 种主要类型，即创新激情、创建激情和发展激情。这些不同类型的激情反映了创业过程中不同阶段的情感体验和动力。创新激情是创业者在创立企业的早期阶段所经历的情感体验。这种激情与创业者的创新意愿和愿景紧密相关，通常涉及新的想法、概念或产品的开发。创业者充满激情，因为他们相信他们的创新将给市场带来重大变革。创建激情发生在创业者开始建立企业并将创新概念转化为实际业务时。这种类型的激情涵盖了创业者对企业的发展和成长的热情。他们可能会面临各种挑战，但他们的激情和决心驱使他们克服困难，建立坚实的基础。发展激情涉及企业生命周期中的成长和扩展阶段。创业者在这个阶段可能会经历企业的快速增长、市场扩张和新机会的发现。这种类型的激情与企业的长期愿景和成功相关，创业者热衷于发现企业的潜力，并持续发展。Baum 从特质视角对创业激情概念进行鉴定，主要强调了创业激情与创业者成功之间的关系，并通过对个体特质的综合分析来区分不同个体之间的差异。然而，Chen 等人从情绪视角强调，他人所感知到的激情程度不能真实反映创业者实际经历的创业激情水平。为了更好地捕捉创业者创业激情的差异和真实形态，Cardon 等人从创业活动的角度出发，明确了认同在创业激情中的重要性，以突出创业过程的动态性。尤其是对于大学生群体，由于创业宣传、创业典型和创业氛围的影响，他们更容易受到创业活动的感染。因此，本研究认为，创业激情是指创业者在创办新企业或开展新业务时所表现出的强烈、积极的情感和动力。创业激情可以划分为身份认同、愉悦、心流、韧性、冒险 5 个维度。

四、创业政策

政策是规范行为体活动的规则和规章的总和。创业政策能够激发并提升大学生的创业意愿。较早关注并研究创业政策的西方学者是伦德斯特罗姆、斯蒂文森、哈特、科林·德盖特、艾伦·科林斯等，他们从不同的角度对创业政策的定义和内涵进行了界定。伦德斯特罗姆和斯蒂文森将创业政策定义为政府采取的旨在促进创新、创业和企业发展的政策措施。他们认为，创业政策应该关注支持初创企业的发展、提供创业者所需的资源和信息、鼓励创新和提供创业教育。哈特等学者强调了创业政策的战略性，他们将创业政策定义为政府采取的旨在提高国家或地区创新和竞争力的政策措施。他们认为，创业政策应该与产业政策、创新政策和教育政策相互关联，以实现国家或地区经济的可持续增长。科林·德盖特等学者强调了创业政策的地方性和区域性特征。他们将创业政策定义为政府为支持地方或区域经济发展而采取的政策措施，包括提供资金、培训、基础设施和市场支持，以鼓励创业和企业的成长。艾伦·科林斯等学者关注了创业政策的社会影响。他们将创业政策定义为政府采取的政策措施，旨在促进社会包容性和可持续性，鼓励各种人群参与创业活动，包括妇女、少数族裔和残疾人。

大学生创业政策是指政府出台的一系列措施和支持政策，旨在鼓励和促进大学生创业，提供资源和支持以帮助大学生创立和发展自己的企业。本研究依据大学生创业所需的资本、服务、文化要素，将创业政策分为资本型政策、服务型政策、文化型政策。

第二节　理论基础

一、社会认知理论

社会认知理论是由美国心理学家阿尔伯特·班杜拉于 20 世纪 80 年代

提出的。这个理论强调个体如何通过观察和模仿他人来学习，以及如何通过自我调节、自我效能感和自我反思来发展和改进自己的认知、情感和行为。

社会认知理论的主要概念和原则：

第一，观察学习。个体通过观察他人的行为、经验和结果来学习新的知识和行为方式。这种学习可以发生在社交环境中，也可以通过电视、互联网等途径获得。

第二，模仿和建模。个体通过模仿他人的行为，特别是那些他认为成功的行为来学习新的技能和行为。这种模仿通常发生在儿童时期，但在成年人中也存在。

第三，自我效能感。自我效能感是指个体对自己能够完成特定任务的信心。社会认知理论认为，自我效能感在个体的学习和行为中起着重要作用。高自我效能感的个体更有可能尝试新的任务，坚持努力，而低自我效能感的个体可能放弃或回避挑战。

第四，自我调节。个体通过自我调节来管理和控制自己的行为、情感和认知，包括目标设定、计划、反思和自我监控。自我调节有助于个体实现目标，改进表现，并应对挫折和困难。

二、自我效能理论

自我效能理论是社会认知理论的应用扩展。社会认知理论认为人们的自我效能感大大影响了个体的行为动机与绩效水平，掌握技能与能够应用技能是两回事，个体要想成功地应用技能，首先就是要对自己达成目标的能力具有高度自信。自我效能感会影响人们的行为动机，使得两个技能水平相当的个体的行为效果出现差异。

自我效能感指的是个体对自己能够完成特定任务的信心。这种信心直接影响个体的行为动机和绩效水平。高自我效能感的个体更有可能克服困难，坚持努力，而低自我效能感的个体可能会在面对挑战时感到沮丧或放弃。

与技能掌握不同，自我效能感强调个体对能够应用已有技能的信心。即使一个人具有某项技能，但如果他缺乏对自己成功应用该技能的信心，他可能会在实际行动中表现出犹豫、疑虑或者回避。

自我效能感也可以解释为什么两个技能水平相当的个体表现可能会出现差异。

本章小结

本章主要是厘清本研究核心概念的内涵、维度，论述本研究的理论基础，为后续研究奠定理论基础。首先，本研究分析了大学生创业、留赣创业意愿、创业政策、创业激情等概念。其次，本研究论述了研究江西高校大学留赣创业意愿的理论基础，主要对社会认知理论、自我效能理论进行了论述。

第二章
江西高校大学生留赣创业现状分析

中国式现代化是江西推动高校大学生留赣创业工作的历史定位。中国式现代化的推动因素和发展路径为大学生创业提供了许多机遇和支持。中国式现代化涉及国家的经济转型，这一经济转型创造了新的市场机会，尤其是在技术和创新领域。同时，国家和地方政府出台了针对大学生创业的政策，如提供创业培训、资金支持、税收优惠和减少创业壁垒等，鼓励大学生积极参与创业活动。因此，吸引优秀大学生留赣创业有利于聚集人才，推动科技创新，引领江西产业发展。

第一节　江西高校大学生留赣创业概况

2018 年以来，大众创业持续向更大范围、更高层次和更深程度推进。2018 年 1 月，中共中央、国务院印发《关于实施乡村振兴战略的意见》，全面推进乡村振兴。2018 年 9 月，国务院印发《关于推动创新创业高质量发展打造"双创"升级版的意见》，提出大幅降低创新创业成本，提升创业带动就业能力。2019 年 12 月，国务院印发《关于进一步做好稳就业工作的意见》，提出扶持创业带动就业，鼓励和支持更多劳动者创新创业。2020年12月，中央经济工作会议提出发挥企业在科技创新中的主体作用，支持领军企业组建创新联合体，带动中小企业创新活动。2021年3月，"十四五"规划提出推进创新创业创造向纵深发展，优化"双创"示范基地建设布局，全面实施乡村振兴战略，允许入乡就业创业人员在原籍地或就业创业地落户并享受相关权益。此外，规划还提到立足新发展阶段，深入实施青年发展规划，促进青年全面发展，搭建青年成长成才和建功立业的平台，激发青年创新创业活力。2021年9月，习近平总书记在中央人才工作会议上指出，国家发展靠人才，民族振兴靠人才。2021年10月，国务院办公厅印发《关于进一步支持大学生创新创业的指导意见》，提出要深化高校创新创业教育改革，将创新创业教育贯穿人才培养全过程，建立以创新创业为导向的新型人才培养模式。

在此背景下，江西出台《关于大力推进大学生创业就业工作的实施意见》，明确了支持大学生创业的政策框架。江西省财政部门为大学生创业提供创业扶持资金，鼓励大学生创业者申请创业担保贷款，给予创业初期财务帮助。江西还鼓励高校和企业合作，为大学生创新创业提供场地租金补贴，并建立创业孵化基地，为大学生提供办公场所和创业指导。同时，江西还推出了一系列创业大赛和创业培训活动，帮助大学生提升创业能力和实践经验。2022年以来，江西进一步加强大学生创业支持，出台《江西省人民政府办公厅关于进一步支持大学生创新创业的实施意见》《江西省人民政府办公厅关于做好当前和今后一段时期高校毕业生等青年就业创业工作的通知》《江西省关于实施重点群体创业推进行动的工作方案》等文件。通过这些政策和措施，江西希望激发大学生的创业热情，促进大学生创新创业发展。

一、2020 年江西高校大学生创业情况

（一）总体状况

根据《江西省 2020 届高校毕业生就业质量报告》公布的数据，2020 年，江西有博士毕业生 368 人，博士在校生 2754 人，硕士毕业生 12887 人，硕士在校生 49645 人，本、专科毕业生 134251 人，本、专科在校生 610232 人。2020 年，正在创业的人数占毕业生总数的 2.05%。其中，硕士生占 1.05%，本科生占 1.52%，专科生占 2.47%。

（二）创业专业

大学生创业与专业是否密切相关？调查显示，毕业生创业领域与所学专业整体相关度为 76.98%。其中，"非常相关"占 14.13%，"比较相关"占 30.49%，"一般相关"占 32.36%，大多数毕业生创业时还是会选择与自己专业相关的领域。从层次来看，硕士毕业生与专业相关度为 81.64%，本科毕业生与专业相关度为 77.32%，专科毕业生与专业相关度为 76.81%。

（三）创业原因

2020 年，在江西高校大学毕业生创业的主要原因中，"实现个人理想及价值"排第 1 位，"有好的创业项目"排第 2 位，"受他人邀请创业"排第 3 位。

二、2021 年江西高校大学生创业情况

（一）总体状况

根据《江西省 2021 届高校毕业生就业质量报告》公布的数据，2021 年，江西有博士毕业生 342 人，博士在校生 3407 人，硕士毕业生 13713 人，硕士在校生 55583 人，本、专科毕业生 135101 人，本、专科在校生 656050 人。2021 年离校时已创业的毕业生只有 2288 人，占毕业生总数的 0.71%，略高于 2020 届的 0.49%。其中，博士层次创业比例为 0.34%；硕士层次创业比例最高，达到 1.1%；本科层次创业比例为 0.99%，创业人数占全省高

校毕业生自主创业人数的 58.7%；专科层次创业比例为 0.46%。本科生仍然是江西高校毕业生创业的主力军，自主创业的毕业生按层次呈现出"两头低中间高"的结构。

（二）创业专业

2021 年，在博士毕业生中，仅艺术学学科有 1 名毕业生自主创业；在硕士毕业生中，创业人数排名前 3 的学科为艺术学、工学、管理学；在本科毕业生中，创业人数排名前 3 的学科为艺术学、工学、管理学；在专科毕业生中，创业人数排名前 3 的学科为教育与体育大类、财经商贸大类、农林牧渔大类。

（三）创业原因

在创业的主要原因中，"实现个人理想及价值"占 48.34%，排在第 1 位；"有好的创业项目"占 19.94%，排在第 2 位；"受他人邀请创业"占 11.60%，排在第 3 位。

第二节　江西高校大学生留赣创业问题分析

当前，江西高校毕业生留赣创业问题既有量的问题，也有质的问题，需要进行系统化的改革，通过创业环境优化、创业主体培育、创业服务护航、创业培训赋能、金融产品助力、创业载体筑巢等解决高校毕业生留赣创业问题。

一、江西高校毕业生留赣创业率低

大学生创业是一项复杂性、风险性均较高的活动，涉及政策引领、环境创设、创业教育、地方文化等。从总体上看，江西高校毕业生创业率较低。2021 年，江西高校毕业生留赣创业率为 0.71%，虽然略高于 2020 年，但低于周边的发达省份。

二、江西高校毕业生留赣创业面临金融、审批手续等困境

2020 年，江西高校毕业生在创业过程中遇到的首要困难是"资金筹备"，占 49.27%（2019 届毕业生占 43.14%）；"企业创办手续审批"占 29.70%。

三、江西高校毕业生留赣创业面临结构性质量提升

2021 年，留赣创业的毕业生主要围绕"水利、环境和公共设施管理业""批发和零售业""文化、体育和娱乐业"等行业创业。新能源、新材料、装备制造、电子信息等省内优势产业对大学生创业的吸引力不强。

本章小结

本章从中国式现代化的时代背景出发，分析了中国式现代化是江西推动高校大学生留赣创业工作的历史定位，并对江西高校大学生留赣创业情况及问题进行了分析。江西高校毕业生留赣创业率依然较低，留赣创业仍面临金融、审批手续等困境，留赣创业仍面临结构性质量提升的问题。

第三章
实证研究及数据处理

第一节　问卷设计及说明

本调查问卷主要调研江西高校大学生创业意愿及其影响因素，由大学生个体特征、创业政策、创业意愿、创业激情组成。第一部分主要涉及被调查者的人口统计学信息，包括受访者性别、专业、专业资格证书、是否学生干部、是否中共党员、健康状况、工作经历、家庭是否经商等，见表2-3-1。第二部分主要涉及资本型政策、服务型政策、文化型政策。第三部分主要涉及身份认同、愉悦、心流、韧性、冒险5个维度。经过初步设计、小范围预调研、问卷项目与表述修改，最终形成正式问卷。

表 2-3-1　变量及其含义

变量名称	变量含义
性别	男 =1；女 =0
专业	文科 =1；理工科 =0
专业资格证书	0 个 =1；1—2 个 =2；3—4 个 =3；5—6 个 =4;7 个以上 =5
是否学生干部	是 =1；否 =0

续表

变量名称	变量含义
是否中共党员	是 =1；否 =0
健康状况	很差 =1; 较差 =2; 一般 =3; 较好 =4; 很好 =5
工作经历	是 =1；否 =0
家庭是否经商	是 =1；否 =0
成绩综合排名	很低 =1；较低 =2；一般 =3；较高 =4；很高 =5
专业技术培训	是 =1；否 =0
是否独生子女	是 =1；否 =0

第二节　变量与测量

一、创业政策

创业政策是政府为促进大学生创业活动制定的一系列政策措施。借鉴前人研究成果，本研究将创业政策分为资本型政策、服务型政策、文化型政策 3 个维度，构建创业政策量表，具体见表 2-3-2。

表 2-3-2　创业政策量表

维度	测量题项	问题选项
资本型政策	获得银行的小额创业贷款	1. "非常不符合" 2. "基本不符合" 3. "不确定" 4. "基本符合" 5. "非常符合"
	获得银行低息或无息贷款	
	政府能够对创新创业贷款担保	
	获得政府财政资金扶持	
	享受创新创业税收优惠减免政策	
	享受注册资金优惠	
服务型政策	政府或学校提供了大学生创业孵化中心	
	政府或学校提供了创业所需的基础设施	
	获得创新创业技术咨询服务	
	获得创业法律、财务、政策咨询等服务	

续表

维度	测量题项	问题选项
文化型政策	学校开设过创新创业教育课程	
	学校举办过各类创业教育培训讲座	
	参加过创新创业教育培训	

二、创业激情

创业激情是创业者对创业身份和创业活动的强烈的积极的情感。本研究将创业激情分为身份认同、愉悦、心流、韧性、冒险5个维度，构建创业激情量表，具体见表2-3-3。

表2-3-3　创业激情量表

维度	测量题项	问题选项
身份认同	我认为自己是一个创业者	
	我常常思考创业的相关事情	
	如果我不创业，我会感到失落	
	人们都会说我是创业者	
	我给别人的印象是创业者	
愉悦	我很享受创业过程	1. "非常不符合"
	我喜欢创业	2. "基本不符合"
	创业让我感到兴奋	3. "不确定"
	创业对我而言是惊心动魄的	4. "基本符合"
心流	我相信我能应付风险和挑战	5. "非常符合"
	我很清楚地知道我想要什么	
韧性	我坚持不懈地实现创业目标	
	面对困难，我能坚持到最后	
	我相信我能解决创业难题	
冒险	我喜欢接受挑战	
	面对难题，我喜欢尝试新方案	
	我喜欢开拓未知领域	
	我热衷于寻找提供产品的新思路	

三、创业意愿

创业意愿是创业者对创办新企业或实施创业行为的一种主观心理准备状态。Thompson 的个体创业意向量表较为成熟，本研究结合个体创业意向量表构造了大学生留赣创业意愿量表，具体见表 2-3-4。

表 2-3-4　大学生留赣创业意愿量表

测量项目	问题选项
您对创业充满了热情	1. "非常不符合"
如果能够创业，您会非常高兴	2. "基本不符合"
您考虑过有关创业的事情	3. "不确定"
您产生过有一天会创业的念头	4. "基本符合"
当别人都放弃的时候，您仍然坚持创业	5. "非常符合"

第三节　小样本数据收集与分析

一、预调研数据

在问卷设计完成后，进行问卷预调研，确保问卷的可读性、信度及效度，以便根据预调研反馈进行题项表述等相关修正。预调研发放问卷 30 份，回收有效问卷 30 份，回收有效问卷率为 100%。30 份问卷中，男生占 97.4%，女生占 2.6%。

二、预调研结果信度及效度分析

对调研问卷创业政策量表、创业激情量表进行检验，检验结果显示预调研问卷的信度和效度都较好。问卷设计的创业政策量表的信度为 0.892，大于 0.7，创业激情量表信度为 0.835，均通过 Cronbach's alpha 系数来检验，说明量表可信度较高。

第四节　正式调研及数据收集

一、正式调研

采用现场发放问卷的形式，对江西高校进行随机抽样调查，调查高校涵盖江西师范大学、南昌工程学院、南昌大学、南昌航空大学、江西科技师范大学、江西财经大学、江西农业大学、东华理工大学、华东交通大学等南昌市 9 所高校。

二、数据收集情况

发放问卷700份，最终有效问卷670份，有效率达到95.7%。样本数据中，从性别上看，男女生所占比例分别为54%和46%，男女比例接近1∶1。从专业上看，理工科和文科所占比例分别为55.2%和44.8%。从获得专业资格证书的个数上看，有近半数（45.4%）的受访者未获得专业资格证书。从健康状况上看，大学生总体健康状况良好。就政治面貌而言，仅有13.6%受访者为中共党员。在是否学生干部方面，66.6%的受访者担任过学生干部，超过六成。在工作经历方面，近八成（77.2%）的受访者有过工作（兼职）经历。在家庭是否经商方面，31.9%的受访者有家庭经商背景。由此可见，样本特征基本符合大学生实际情况，选取的样本具有典型性和代表性。

三、信度及效度检验

量表的可靠性分析主要采用克伦巴赫系数进行信度分析。通常情况下，只要Cronbach's alpha系数值高于0.7，即可说明量表的信度较好。对创业政策量表进行信度检验，数据显示Cronbach's alpha系数为0.880，大于0.7，表明量表信度很高。对问卷调查结果进行KMO测度的结果为0.880，Bartlett 球形检验对应的P值接近0，说明变量适合于作因子分析，进一步说明该问卷调查具有很好的效度。对创业激情量表进行信度检验，数据显示Cronbach's alpha系数为0.9316，大于0.7，表明量表信度很高。对问卷调查结果进行KMO测度的结果为0.982，Bartlett 球形检验对应的P值接近0，说明变量适合于作因子分析，进一步说明该问卷调查具有很好的效度。

本章小结

问卷调研法是本研究的重点研究方法。设计科学有效的问卷是一个极其复杂和艰难的工作，更是开展本研究必须攻克的任务。本研究投入了大量的时间，数据的收集更是历经数月。

本研究的调研规模及调研数据质量达到了研究期望，下面章节将根据调研数据进行科学、客观的实证分析。

第四章
创业政策对大学生创业意愿的影响研究

第一节　研究假设

一、资本型政策和创业意愿

资本型政策通过提供融资渠道、信用担保、贷款贴息、税收减免、资金支持等方式支持大学生创业。温治、马明研究认为，财税政策和创业融资政策通过间接传导机制作用于创业市场并促进创业活动。龚秀敏研究提出，政府可尝试扮演"经纪人"角色，为创业活动寻找多种融资来源，加大信贷担保力度、培育风险投资机构、开发民间资本以破解新创企业融资难题。刘新民等研究发现，财税政策以直接注入的方式为创业活动提供资金支持，税收优惠政策以减轻税收负担的方式间接降低创业成本。赵国钦、韩天实研究认为，创业政策通过减免税收、拓宽融资渠道来促进创业。朱广华等认为，费用减免、金融投资、社会服务等政策能提高大学生创业的积极性。薛志谦研究提出，政府的创业小额担保贷款政策、创业基金政策、税费减免政策、注册资金优惠政策有助于解决创业启动资金的难题。基于以上分析，笔者提出以下假设：

假设 1：资本型政策对创业意愿有正向影响。

二、服务型政策和创业意愿

服务型政策通过提供技术、咨询、信息、培训为主的"一站式"服务来为创业提供便利。蒋珞晨、万明国研究认为，政府提供的创业孵化平台和高校提供的创业指导服务，为大学生创业提供重要支持。夏仕武、连溪认为，政府出台的各种扶持政策和创业计划解决了大学生创业所需的场地和服务问题。杜威漩研究指出，政府建立的创业服务平台，能提供与创业相关的项目信息、政策咨询、创业担保、创业培训等方面的服务。刘春梅、李成标研究发现，加强创业孵化基地和网络平台等创业设施的建设，提高行政审批效率，对大学生创业有着重要的促进作用。江英、欧金梅研究认为，创业实践和孵化平台、创业行政服务平台、创业信息网络平台等方面的建设为大学生创业塑造良好的商务环境。由此，笔者对服务型政策与创业意愿之间的关系提出以下假设：

假设 2：服务型政策对创业意愿有正向影响。

三、文化型政策和创业意愿

文化型政策通过教育、培训、宣传等方式营造创业文化氛围和提升创业者创业能力。姜国俊、曾琳提出，创业政策应激励人们把创业作为一种职业选择，并确保创业者掌握与创业相关的知识、技术和能力。王永华、臧胜利研究提出，高校设立的创业培训课程，培养了大学生的创业意识和创业能力，塑造了校园创业文化，培育了创业精神。高伟等提出，设置电视节目、举办创业竞赛、树立创业典型等政策宣传方式能增强大学生的创业意愿和对创业活动的认可。肖建忠研究认为，创业教育能培育大学生的创业技能，进而促进大学生创业。方世建、桂玲研究认为，创业教育能激发创业动机并培养创业能力。郑凤田、傅晋华研究指出，除了加强和普及创业教育外，创业培训还培养了创业精神，激发了大学生创业意愿。综上所述，笔者对文化型政策与创业意愿之间的关系提出以下假设：

假设3：文化型政策对创业意愿有正向影响。

第二节　模型构建

有序 Logistic 模型在模型体系中用来分析多重定序变量。因变量创业意愿为有序分类变量，题项设置为"非常符合"、"基本符合"、"不确定"、"基本不符合"、"非常不符合"，与之对应的数值分别为1、2、3、4、5。鉴于因变量属于有序分类变量，因此本研究采用有序 Logistic 模型，创业意愿为被解释变量，创业政策为解释变量，模型基本形式为：

$$ln\frac{p(y \le j)}{1 - p(y \le j)} = \alpha + \sum_{i=1}^{n_1}\beta_i x_i + \sum_{i=1}^{n_2}\omega_i \kappa_i + \varepsilon \tag{1}$$

式（1）中，y 为因变量留赣创业意愿；x 为自变量创业政策；k_i 为控制变量；α 为常数项；β_i、ω_i 为回归系数。

本研究主要分析创业政策对大学生创业意愿的影响，构造模型中以创业政策为关键变量。此外，根据相关研究成果并结合调查数据，本研究还选取了性别、专业、专业资格证书、是否学生干部、是否中共党员、健康状况、工作经历、家庭是否经商等作为控制变量。各变量的含义、赋值及描述性统计分析结果见表2-4-1。

表2-4-1　模型中变量的描述性统计分析结果

变量名称	变量含义	最小值	最大值	均值	标准差
性别	男=1；女=0	0	1	0.54	0.499
专业	文科=1；理工科=0	0	1	0.45	0.498
专业资格证书	0个=1；1—2个=2；3—4个=3；5—6个=4；7个以上=5	1	5	1.68	0.744

续表

变量名称	变量含义	最小值	最大值	均值	标准差
是否学生干部	是 =1；否 =0	0	1	0.67	0.472
是否中共党员	是 =1；否 =0	0	1	0.14	0.343
健康状况	很差 =1; 较差 =2; 一般 =3; 较好 =4; 很好 =5	1	5	3.96	0.838
工作经历	是 =1；否 =0	0	1	0.77	0.420
家庭是否经商	是 =1；否 =0	0	1	0.32	0.467
创业政策		1	5	3.42	0.604
创业意愿		1	5	3.25	0.966

第三节 因子分析

为检验可靠性与有效性，需要对量表进行信度和效度检验。信度检验，目的是检验量表的可靠程度，通常采用克隆巴赫系数（Cronbach's alpha）测量，测量系数大于 0.7 时，表明量表信度很高。效度检验的作用是检验同一因子下各测量题项间的收敛程度，常用因子载荷值测量，因子载荷值越大（0.5 以上），表示收敛效度越高，效度越好。

由表 2-4-2 可知，对创业意愿题项进行信度检验得 Cronbach's alpha 信度系数为 0.905，大于 0.7，表明创业意愿量表信度很高。对测量创业意愿的变量进行 KMO 检验和 Bartlett 球形检验，结果显示 KMO 值为 0.836，Bartlett 球形检验值为 2287.28，且 P 值为 0，结果表明创业意愿样本数据适合作因子分析。因子分析结果中各测量题项通过正交旋转后的因子载荷值都高于 0.5，且因子载荷在 1% 统计水平上显著，表明创业意愿量表效度很高。

表 2-4-2 创业意愿因子分析结果

测量项目	因子载荷值	Cronbach's alpha
您对创业充满了热情	0.795	
如果能够创业，您会非常高兴	0.882	
您考虑过有关创业的事情	0.881	0.905
您产生过有一天会创业的念头	0.858	
当别人都放弃的时候，您仍然坚持创业	0.838	

由表 2-4-3 可知，对创业政策题项进行信度检验得 Cronbach's alpha 信度系数为 0.880，大于 0.7，表明创业政策量表信度较高。对测量创业政策的变量进行 KMO 检验和 Bartlett 球形检验，结果显示 KMO 值为 0.880，Bartlett 球形检验值为 4583.116，且 P 值为 0，结果显示创业政策样本数据适合作因子分析，因子分析结果中 3 个维度的测量题项通过正交旋转后的因子载荷值均高于 0.7，且无交叉负荷题项，说明因素结构理想。

表 2-4-3 创业政策因子分析结果

维度	测量题项	成分			Cronbach's alpha
		因素 1	因素 2	因素 3	
资本型政策	获得银行的小额创业贷款	0.761			
	获得银行低息或无息贷款	0.811			
	政府能够对创新创业贷款担保	0.827			
	获得政府财政资金扶持	0.820			0.880
	享受创新创业税收优惠减免政策	0.767			
	享受注册资金优惠	0.710			
服务型政策	政府或学校提供了大学生创业孵化中心		0.767		
	政府或学校提供了创业所需的基础设施		0.815		
	获得创新创业技术咨询服务		0.793		
	获得创业法律、财务、政策咨询等服务		0.718		

维度	测量题项	成分			Cronbach's alpha
		因素1	因素2	因素3	
文化型政策	学校开设过创新创业教育课程			0.661	
	学校举办过各类创业教育培训讲座			0.730	
	参加过创新创业教育培训			0.791	

第四节　实证分析与结果

本研究采用有序 Logistic 回归分析方法，使用 Stata12 软件分析数据。回归分析前，考虑到变量间内部相关性，本研究采用方差膨胀率（VIF）对各变量进行多重共线性检验。一般情况下，当 VIF>3 时，各自变量之间存在一定程度的多重共线性；当 VIF>10 时，各自变量之间存在高度共线性。表 2-4-4 显示，各变量的方差膨胀率（VIF）均小于2，故本模型不存在严重多重共线性问题。从模型拟合优度检验的参考指标看，各模型 X2 均在1%水平上显著，表明有序 Logistic 模型估计结果整体上较为理想。

为检验总体创业政策对江西高校大学生创业意愿的影响，在模型中只引入总体创业政策变量和控制变量进行回归分析，结果如表 2-4-4 模型 I 所示，总体创业政策对创业意愿在1%统计水平上显著且系数为正，表明总体创业政策对创业意愿有显著促进作用，这与杨洁得出的创业政策是大学生产生创业意愿的重要因素结论相一致。本研究分别将资本型政策、服务型政策、文化型政策和控制变量进行回归分析，模型结果如表 2-4-4 所示。

第一，资本型政策在模型 II 中通过了1%水平显著性检验且系数为正，说明资本型政策对创业意愿有显著促进作用。其原因可能是，大学生作为创业活动的参与者，自身并无太多的创业资金，资本型政策为大学生创业提供融资渠道、启动资金并通过税收减免降低创业成本，减轻创业压力，促进创业意愿的产生。因此，验证了假设1。

第二，服务型政策在模型Ⅲ中通过了1%水平显著性检验且系数为正，表明服务型政策对创业意愿有显著促进作用。其原因可能是，服务型政策能够为大学生创业提供"一站式"服务，快速办理行政审批手续。创业活动起步时期，需要场地、水电、网络设施等硬件服务，也需要法律、财务、政策咨询等软件服务。政府或学校为大学生创业提供软硬件服务，不仅能够解决创业所需的场地硬件问题，同时也能降低创业风险，提高创业成功率，提升创业意愿。因此，验证了假设2。

第三，文化型政策在模型Ⅳ中通过了1%水平显著性检验且系数为正，表明文化型政策对创业意愿有显著促进作用。其原因可能是，文化型政策通过开设创业课程，联合优质企业举办创业讲座，提供创业培训，营造创业氛围，促进大学生创业。因此，验证了假设3。

第四，当各维度创业政策共同作用于创业意愿时（如模型Ⅴ所示），资本型政策、服务型政策、文化型政策均在1%统计水平上显著且系数为正，表明资本型政策、服务型政策、文化型政策均对创业意愿有显著促进作用。

另外，在控制变量中，性别、工作经历、家庭是否经商在1%水平上显著且系数为正，表明男性、有工作经历和家庭经商背景对创业意愿有显著正向作用。原因可能是，创业作为一种开创性活动，需要耗费大量精力，也需要冒险精神，同时，中国传统文化中"男主外，女主内"的观念让男性更容易创业；大学生的工作经历，让大学生更早接触社会，让大学生更早体会到生活的不易；家庭经商背景让大学生经常接触到商业活动，家庭环境潜移默化的影响有助于提高大学生的创业意愿。专业在10%水平上显著且其系数为负，说明理工科专业更容易创业。其原因可能是，理工科作为操作性较强的学科，相比于文科有较强的"技术优势"。专业资格证书在10%水平上显著且其系数为正，说明获得专业资格证书越多，创业意愿越高。

表 2-4-4 创业政策对创业意愿的影响估计结果

变量名称	创业意愿					VIF
	模型 I	模型 II	模型 III	模型 IV	模型 V	
总政策	0.813***					1.108
资本型政策		0.488***			0.271***	1.051
服务型政策			0.488***		0.220***	1.122
文化型政策				0.495***	0.365***	1.069
性别	0.494***	0.504***	0.566***	0.496***	0.474***	1.101
专业	−0.278*	−0.258*	−0.283*	−0.258*	−0.268*	1.047
专业资格证书	0.211*	0.183*	0.197*	0.201*	0.208*	1.058
是否学生干部	0.141	0.158	0.185	0.217	0.161	1.034
是否中共党员	0.114	0.136	0.175	0.046	0.060	1.260
健康状况	0.028	0.060	0.019	0.020	0.026	1.743
工作经历	0.490***	0.524***	0.547***	0.494***	0.481***	1.593
家庭是否经商	0.470***	0.487***	0.481***	0.452***	0.459***	1.108
Pseudo R^2	0.0289	0.0227	0.0249	0.0266	0.0296	

注：***、**、* 分别表示 1%、5%、10% 的统计水平上显著

本章小结

本章实证分析了创业政策对大学生创业意愿的影响。研究结果表明，创业政策对大学生创业意愿有显著促进作用，其中资本型政策、服务型政策、文化型政策均对创业意愿有显著正向影响。在控制变量中，性别、工作经历和家庭是否经商对大学生创业意愿有显著正向影响，专业对大学生创业意愿有显著负向影响。

第五章
创业激情对大学生创业意愿的影响研究

第一节　研究假设

一、身份认同和创业意愿

身份认同是创业者对自身和创业者群体所共有的价值观及行为特征的认可。身份认同使创业个体以创业者身份自居，从而具有更强烈的创业意愿。杨学儒等研究认为，创业者身份认同使得创业者更加积极地参与创业活动。Cardon 等认为，创业者身份认同使创业者对创业成功的信心倍增，提升其对创业环境的警觉性。方卓、张秀娥认为，身份认同是创业者对自我创业身份的认知，有助于提升创业意愿、激发创业信心。梁祺、王影研究发现，创业者的自我身份认同促使创业者愿意并积极参与创业实践活动。周雪、王庆金研究认为，身份认同能强化创业者实现创业目标的信念，促使创业者积极开展创业活动。欧绍华、张志伟研究指出，身份认同有助于创业者明确自身定位，使其沉浸于创业活动。基于以上分析，笔者提出以下假设：

假设 1：身份认同对创业意愿有正向影响。

二、愉悦和创业意愿

愉悦是创业者在创业过程中轻松、愉快的情绪，它使创业者对创业前景持乐观态度，更愿意进行创业。周键认为，创业激情是创业者在创业活动中情感的集中体现，能激发创业者的创造力。周小虎等认为，创业激情强化创业者对创业意义的认知，增强创业自豪感，促使创业者创业。方卓、张秀娥认为，创业激情使创业者对创业活动更有信心，能积极面对创业环境的不确定性和挑战。单标安等认为，创业激情使得创业者对创业目标有着积极、强烈的情感，促使创业者积极地将创业想法转化为实践。何良兴发现，积极的创业情绪使创业者突破传统思维的限制，发掘潜在商机。基于以上分析，笔者提出以下假设：

假设 2：愉悦对创业意愿有正向影响。

三、韧性和创业意愿

韧性是创业者在创业过程中坚持不懈的态度。创业者即使遇到困难甚至是失败，依然坚持不懈于创业活动，使得创业者具有坚忍不拔的精神，更愿意开展创新创业活动。史容等认为，创业激情使得创业者持续不断地投入创业活动中。Baum 等认为，创业激情让创业者在创业活动中坚持不懈、积极主动。单标安等提出，创业激情作为重要的情感特征，是在创业困境中坚持的精神动力。马翠萍等发现，创业激情在充满风险的创业过程中激励着创业者坚持自己的创业目标。何良兴等指出，创业激情帮助创业者保持积极向上的精神，在高风险、不稳定的创业环境中坚持创业。Baker、Nelson 认为，创业激情赋予创业者直面挑战的勇气，激励创业者坚定地达成创业目标。基于以上分析，笔者提出以下假设：

假设 3：韧性对创业意愿有正向影响。

四、心流和创业意愿

心流是指创业者对创业投入的专注。专注于创业活动的创业者，更愿意将时间精力投入创业活动中。谢雅萍、陈小燕认为，创业激情使得创业者热衷于投入创业活动中。Yitshaki 等发现，创业激情使创业者在创业活动中投入更多精力并保持积极情绪。Envickr 指出，富有创业激情的创业者勇于尝试新颖的想法。Murnieks 等认为，创业激情能驱动创业者的行为，使创业者在创业活动上保持专注。欧绍华、张志伟认为，创业激情能够维持创业者对创业活动的专注与毅力。窦军生、包佳认为，积极情绪使创业者有更强的创业动机，对创业活动更加专注。Amiot 等提出，拥有创业激情的创业者将创业活动优先置于其他活动之上。基于以上分析，笔者提出以下假设：

假设 4：心流对创业意愿有正向影响。

五、冒险和创业意愿

具有冒险精神的创业者，在创业活动上更具奋进精神，促使创业者积极参加创业活动。陈江涛等指出，创业者的创业激情展现了战胜创业难题的信心、解决创业问题的决心。Lucas 等发现，创业激情促使创业者创造性地解决创业难题，提出新颖的解决方案。Cardon 等提出，创业激情促使创业者投入创业活动，提升创业者的创业能力并克服创业障碍。周键等认为，拥有创业激情的创业者能积极应对创业环境，将创业风险的危害降到最低。刘景江、刘博认为，拥有积极情绪的创业者对创业形势更为乐观，更易寻求风险创业。牛芳等指出，创业者的乐观自信能帮助创业者积极看待创业环境，使创业者在创业行为上更积极主动。基于以上分析，笔者提出以下假设：

假设 5：冒险对创业意愿有正向影响。

第二节 模型构建

有序 Logistic 模型是分析多重定序变量的有效回归方法。鉴于因变量属于有序分类变量，因此本研究采用有序 Logistic 模型来分析创业激情对大学生创业意愿的影响。模型设置如下：

解释变量，模型基本形式为：

$$ln\frac{p(y \leq j)}{1-p(y \leq j)} = \alpha + \sum_{i=1}^{n_1}\beta_i x_i + \sum_{i=1}^{n_2}\omega_i \kappa_i + \varepsilon \tag{1}$$

式（1）中，y 为创业意愿，x 为创业激情，k_i 为控制变量，α 为常数项，β_i、ω_i 为回归系数。

根据相关研究成果，并结合调查数据，本研究还选取了性别、专业、成绩综合排名、专业技术培训、是否中共党员、是否独生子女、是否学生干部、创业的态度作为控制变量。各变量的含义、赋值及描述性统计分析结果见表 2-5-1。

表 2-5-1　模型中变量的描述性统计分析结果

变量名称	变量含义	最小值	最大值	均值	标准差
性别	男 =1；女 =0	0	1	0.54	0.499
专业	文科 =1；理工科 =0	0	1	0.45	0.498
成绩综合排名	很低 =1；较低 =2；一般 =3；较高 =4；很高 =5	1	5	3.22	0.778
是否学生干部	是 =1；否 =0	0	1	0.67	0.472
是否中共党员	是 =1；否 =0	0	1	0.14	0.343
专业技术培训	是 =1；否 =0	1	5	0.20	0.401
是否独生子女	是 =1；否 =0	0	1	0.35	0.477
创业的态度	一定不创业 =1；可能创业 =2；打算创业 =3；一定创业 =4	0	1	2.21	0.798
创业激情		1	5	3.05	0.784
创业意愿		1	5	3.25	0.966

第三节　因子分析

为检验可靠性与有效性，需要对量表进行信度和效度检验。信度检验，目的是检验量表的可靠程度，通常采用克隆巴赫系数（Cronbach's alpha）测量，测量系数大于 0.7 时，表明量表信度很高。效度检验是检验同一因子下各测量题项间的收敛程度，常用因子载荷值测量，因子载荷值越大（0.5以上），表示收敛效度越高，效度越好。

由表 2-5-2 可知，对创业意愿题项进行信度检验得 Cronbach's alpha 信度系数为 0.905，大于 0.7，表明创业意愿量表信度很高。对测量创业意愿的变量进行 KMO 检验和 Bartlett 球形检验，结果显示 KMO 值为 0.836，Bartlett 球形检验值为 2287.28，且 P 值为 0，表明创业意愿样本数据适合作因子分析。因子分析结果中各测量题项通过正交旋转后的因子载荷值都高于 0.5，且因子载荷在 1% 统计水平上显著，表明创业意愿量表效度很高。

表 2-5-2　创业意愿因子分析结果

测量项目	因子载荷值	Cronbach's alpha
您对创业充满了热情	0.795	
如果能够创业，您会非常高兴	0.882	
您考虑过有关创业的事情	0.881	0.905
您产生过有一天会创业的念头	0.858	
当别人都放弃的时候，您仍然坚持创业	0.838	

由表 2-5-3 可知，对创业激情题项进行信度检验得 Cronbach's alpha 信度系数为 0.946，大于 0.7，表明创业激情量表信度较高。对创业激情的5 个维度变量进行 KMO 检验和 Bartlett 球形检验，结果显示 KMO 值为 0.928，Bartlett 球形检验值为 6190.565，且 P 值为 0。在创业激情中提取 5 个公因子，分别为因素 1、因素 2、因素 3、因素 4、因素 5，5 个因素对应身份认同、

愉悦、心流、韧性、冒险 5 个维度。因子分析结果中，测量题项通过正交旋转后的因子载荷值均高于 0.6 ，且无交叉负荷题项，说明公因子提取合理，因素结构理想。

表 2-5-3　创业激情因子分析结果

维度	测量题项	成分					Cronbach's alpha
		因素 1	因素 2	因素 3	因素 4	因素 5	
愉悦	我很享受创业过程	0.855					
	我喜欢创业	0.876					
	创业让我感到兴奋	0.845					
	创业对我而言是惊心动魄的	0.693					
心流	我相信我能应付风险和挑战		0.716				
	我很清楚地知道我想要什么		0.786				
韧性	我坚持不懈地实现创业目标			0.736			
	面对困难，我能坚持到最后			0.780			
	我相信我能解决创业难题			0.682			
冒险	我喜欢接受挑战				0.736		0.946
	面对难题，我喜欢尝试新方案				0.803		
	我喜欢开拓未知领域				0.812		
	我热衷于寻找提供产品的新思路				0.702		
身份认同	我认为自己是一个创业者					0.815	
	我常常思考创业的相关事情					0.817	
	如果我不创业，我会感到失落					0.821	
	人们都会说我是创业者					0.893	
	我给别人的印象是创业者					0.876	

第四节　实证分析与结果

本研究采用有序 Logistic 回归分析方法，使用 Stata12 软件分析数据。回归分析前，考虑到变量间内部相关性，本研究采用方差膨胀率（VIF）对各变量进行多重共线性检验。一般情况下，当 VIF>10 时，各自变量之间存在高度共线性。表 2-5-4 显示各变量的方差膨胀率（VIF）均小于 4，故自变量间不存在严重多重共线性问题，表明有序 Logistic 模型估计结果整体上较为理想。

为检验总体创业激情对大学生创业意愿的影响，本研究在模型中只引入总体创业激情变量和控制变量进行回归分析，结果如表 2-5-4 模型 I 所示，总体创业激情对创业意愿在 1% 统计水平上显著且系数为正，表明总体创业激情对创业意愿有显著促进作用。为检验创业激情的 5 个维度对大学生创业意愿的影响，分别将身份认同、愉悦、心流、韧性、冒险 5 个维度和控制变量进行回归分析，模型结果如表 2-5-4 所示。

第一，身份认同在模型 II 中通过了 1% 水平显著性检验且系数为正，表明身份认同对创业意愿有显著促进作用。其原因可能是，当今社会的创业风潮使得创业者备受尊重，创业成功案例也激励着无数创业者奋勇创业。大学生参加创业活动，一方面希望自己能够开创一番事业，另一方面也希望自己能够获得社会的认可。大学生创业者获得身份认同后反过来促进创业意愿的产生。因此，验证了假设 1。

第二，愉悦在模型 III 中通过了 1% 水平显著性检验且系数为正，表明愉悦对创业意愿有显著促进作用。其原因可能是，愉悦是创业者在创业过程中的积极情绪，保持良好情绪投入创业活动有助于创业活动有条不紊地开展，从而提高创业成功率，提升创业意愿。因此，验证了假设 2。

第三，心流在模型 IV 中通过了 1% 水平显著性检验且系数为正，表明心流对创业意愿有显著促进作用。其原因可能是，大学生创业者全神贯注于创业活动，有助于提高创业成功率。因此，验证了假设 3。

第四，韧性在模型 V 中通过了 1% 水平显著性检验且系数为正，表明韧性对创业意愿有显著促进作用。其原因可能是，韧性是创业者在创业过程中坚持不懈的态度，当创业者在创业过程中遇到困难时，坚持不懈的态度更容易化解创业难题。因此，验证了假设 4。

第五，冒险在模型 Ⅵ 中通过了 1% 水平显著性检验且系数为正，表明冒险对创业意愿有显著促进作用。其原因可能是，具有冒险精神的大学生创业者，并不是一时兴起进行创业的，也不是消极创业，而是在创业中积极奋进。因此，验证了假设 5。

第六，当各维度创业激情共同作用于创业意愿时（如模型 Ⅶ 所示），身份认同、愉悦、韧性、冒险在 1% 统计水平上显著且系数为正，表明身份认同、愉悦、韧性、冒险对创业意愿有显著促进作用。

另外，在控制变量中，创业的态度在 1% 水平上显著且系数为正，表明创业的态度对创业意愿有显著正向影响，说明创业的态度越强烈，创业的意愿越高。是否中共党员在 5% 水平上显著且系数为正，表明中共党员身份对创业意愿有显著正向影响。成绩综合排名在 5% 水平上显著且系数为负，表明成绩综合排名对创业意愿有显著负向影响。专业技术培训在 1% 水平上显著且系数为负，表明专业技术培训对创业意愿有显著负向影响。

表 2-5-4　创业激情对创业意愿的影响估计结果

变量名称	创业意愿							VIF
	模型 Ⅰ	模型 Ⅱ	模型 Ⅲ	模型 Ⅳ	模型 Ⅴ	模型 Ⅵ	模型 Ⅶ	
创业激情	1.966***							
身份认同		1.388**					0.515***	3.112
愉悦			1.786***				1.158***	3.387
心流				0.752***			0.028	2.188
韧性					1.147***		0.330***	2.710
冒险						0.965***	0.337***	2.327

续表

变量名称	创业意愿							VIF
	模型 I	模型 II	模型 III	模型 IV	模型 V	模型 VI	模型 VII	
性别	−0.011	−0.007	0.044	0.322**	0.294**	0.292**	−0.051	1.122
专业	−0.099	−0.220	−0.137	−0.093	−0.125	−0.030	−0.124	1.059
成绩综合排名	−0.198**	−0.073	−0.138	−0.130	−0.183**	−0.149	−0.184**	1.083
专业技术培训	−0.480***	−0.580***	−0.384**	−0.351**	−0.242	−0.328*	−0.467***	1.077
是否学生干部	−0.0003	0.124	0.071	0.103	0.126	0.152	0.020	1.106
是否独生子女	−0.054	−0.040	0.016	−0.038	0.026	−0.135	−0.029	1.029
是否中共党员	0.430**	0.270	0.335	0.452**	0.441**	0.413**	0.389*	1.099
创业的态度	0.646***	0.823***	0.752***	1.252***	1.083***	1.251***	0.595***	1.566
Pseudo R^2	0.099	0.076	0.094	0.055	0.069	0.063	0.104	

注：***、**、* 分别表示 1%、5%、10% 的统计水平上显著

本章小结

本章实证分析了创业激情对大学生创业意愿的影响。研究结果表明，创业激情对大学生创业意愿有显著促进作用，其中身份认同、愉悦、心流、韧性、冒险均对创业意愿有显著正向影响。在控制变量中，创业的态度、是否中共党员对大学生创业意愿有显著正向影响，成绩综合排名、专业技术培训对创业意愿有显著负向影响。

第六章
江西高校大学生留赣创业典型案例研究

本章采用多案例研究法，将成功在赣创业的江西高校大学生作为典型案例，对案例基本情况进行研究，从微观视角切入，以发现留赣创业的关键影响因素，探索促进江西高校大学生留赣创业的策略。

第一节　江西高校大学生留赣创业典型案例的研究设计

一、典型案例的遴选

本研究力图发现江西高校大学生留赣创业的关键影响因素。案例的选择遵循理论抽样的方法。学者们普遍认为，案例研究的主要目的在于理论的发展和构建，而非仅仅对理论进行检验。在这方面，理论抽样方法被视为更适合的方式。理论抽样方法注重选取具有理论内涵的样本，而非仅仅遵循统计抽样的要求。通过有目的性地选择这些样本，研究者能够扩展、修正和构建理论，并提供充分且丰富的信息以回答研究问题，从而为理论的阐明和提供新的视角提供更好的服务。因此，在多案例研究中，并不要求具体的样本数量，而是强调样本的内容丰富性和研究的深度。在选择案例时，研究者应反复思考，并确保所选案例能够代表研究问题。

本研究选定的典型案例来自"闪亮的日子——青春该有的模样"大学生就业创业人物事迹征集活动中江西省创新创业典型入选者。通过比较分析，笔者最终选定了 4 个案例样本。

选定这 4 个案例的原因主要包括：第一，理论相关性。本研究希望具体剖析留赣创业的关键影响因素。这 4 个案例均与研究主题有很大的契合度。第二，案例典型性。这 4 个案例分别属于不同的高校，涉及不同的行业，既有男性，也有女性，既有江西籍生源，也有非江西籍生源。第三，数据可获得性。这 4 个案例的事迹均通过各种渠道进行过广泛、深入的宣传，笔者可以深度了解其留赣创业的历程。基于以上分析，本研究最终选取的 4 个案例能在较大程度上代表所研究的问题。笔者将这 4 个案例分别命名为案例 A、B、C、D。

二、数据收集

笔者主要通过各类官网收集相关数据。案例 A，女，江西籍生源，南昌师范学院生命科学学院 2019 届生物科学专业毕业生，"一线生鸡"大学生助农创业项目负责人，江西莱瀚斯科技有限公司总经理。案例 B，男，江西籍生源，井冈山大学生命科学学院环境工程专业毕业生，百年好合公益团队负责人，2018 年在校创立了自己的第一家公司——江西千途商贸有限公司。案例 C，男，非江西籍生源，景德镇学院陶瓷美术与设计专业毕业生，青匆艺集陶瓷文化中心负责人，江西省文艺学会陶瓷文化艺术研究专业委员会副主任委员，珠山区马鞍岭景漂工会委员会主席，景德镇学院创新创业学院客座导师，艺术品高级鉴定评估师，青少年博物馆教育推广人，景德镇市"3+1+X"产业人才。案例 D，男，江西籍生源，江西工业贸易职业技术学院旅游商务系城市轨道交通运营管理专业毕业生，2017 年在校就读时成立红谷滩区营养厨房餐饮店。

第二节 江西高校大学生留赣创业典型案例描述

一、案例 A:"双创"沃土孕育创业火种

案例 A 为南昌师范学院生命科学学院生物科学专业学生 LXQ。南昌师范学院生命科学学院有着浓厚的创新创业教育氛围,有中国科学院家禽分子育种技术联合实验室 1 个、省级重点学科 1 个(江西省高等学校遗传学重点学科)、省级学科支撑平台 1 个(江西省地方鸡种遗传改良重点实验室)。LXQ 家庭经济贫困,一直靠爱心人士资助上学,贫困的生活与专业责任激发她内心创业的火种,而学校的培育激发了她创业的行动,为她创业打下了基础。

(一)LXQ 基本情况

LXQ,女,江西籍生源,南昌师范学院生命科学学院 2019 届生物科学专业毕业生。她家庭贫困,从读小学开始就享受到了贫困生助学政策,并得到了爱心人士的资助。进入大学后,她通过助学贷款入学,并获得了助学金。她大学期间一直参与学校项目,大四毕业时创立了自己的公司。LXQ 吃苦耐劳,向上向善,具有强烈的社会责任感。

(二)LXQ 创业情况

1. 创业缘起

家庭贫困是 LXQ 创业的背景。"家庭困难的我,从读小学开始就享受到了贫困生助学政策,并得到了爱心人士的资助。进入大学后,我通过助学贷款入学,并获得了助学金。老师了解我的家庭情况后,经常与我谈心谈话,勉励我保持阳光心态,帮助我规划学习生活和职业方向。"

2. 创业萌芽

学校赠送青年鸡,帮助家庭减贫。"大二那年,为了帮助我家改善生活条件,生命科学学院决定将价值 5000 元的青年鸡赠送给我的父母喂养,当

年家里就增收了 2 万余元。作为生物科学专业的学生，我暗暗下定决心要学好专业知识，并产生了帮扶农户科学养殖土鸡实现脱贫致富的想法。"

3. 创业孵化

学校通过专业引领、实践指导、以赛促创孵化创业项目。一是专业引领。"课堂上，老师谆谆教诲，指导我们将专业知识与农户养殖实际情况相结合，让我们真正明白了理论指导实践的重要意义。"二是实践指导。"2017 年 4 月，在学校的支持和学院老师的指导下，'一线生鸡·金凤筑梦'大学生助农创业项目诞生。生命科学学院党总支书记何老师带着我们走访了 3000 多农户，开展土鸡喂养技术培训 184 场，收集了大量一线乡村调研资料。"三是以赛促创。"课余时，我和同学们一起备战'互联网+'大学生创新创业大赛。"可见，扎实的专业知识、丰富的项目实践经验是创业孵化的沃土。"我拥有了扎实的专业知识和比较丰富的养殖实践经验，进一步明确了创新创业的目标，坚定了感恩母校、回报社会的信念。"

4. 创业实践

创业氛围、创业政策、资金、技术、心理的支持推动创业实践。一是支持大学生创业的浓厚氛围。"2019 年 6 月，全国'大众创业、万众创新'活动周在浙江杭州举行，'一线生鸡'项目是江西省唯一入选的高校项目。当天，国务院总理李克强来到展位前和我握手，全国政协副主席万钢、国家发改委副主任林念修、教育部高教司司长吴岩也为我点赞，这让我倍感振奋和鼓舞。"二是支持大学生创业的政策。"在多次备战'互联网+'大学生创新创业大赛中，母校都给予了'一线生鸡'项目大力的支持和指导。无论是在团队成员选拔、实验室科研资源使用，还是我们下乡期间的吃住行等方面，指导老师都给予了我们无微不至的关心和耐心细致的指导，校领导、学院领导、实验室老师和创新创业教育学院的老师们也都通过各种形式给予我们指导帮助。"三是支持大学生创业的技术、资金。"在创业的过程中，母校把十几项国家专利给我无偿使用，给了我一双腾飞的翅膀。在创业初期，母校还设立扶贫助农提货点，发动教职工购买'一线生鸡'

绿色产品,助我度过创业最艰难的一段时期。"四是支持大学生创业的心理。"在母校党员教师的影响下,我对党的认识更加深刻,加入到党组织的愿望也更加强烈。2020 年 12 月,我递交入党申请书,希望能以一名党员的身份帮助和带动更多农户扎根农村,一起成为乡村振兴道路上的新农人。"

二、案例 B: 科技引领,助推"双创"扶贫

案例 B 为井冈山大学生命科学学院环境工程专业毕业生 ZYK。井冈山大学生命科学学院拥有生物学江西省一流学科以及江西省生物多样性与生态工程重点实验室博士后科研工作站、江西省生物多样性与生态工程重点实验室、江西省器官发育生物学重点实验室、江西省红壤丘陵区农业环境污染防控重点实验室、江西省人类疾病斑马鱼模型与药物筛选工程实验室、江西省高等学校生态环境与资源重点实验室等科研平台。ZYK 高中毕业之后就有一些经验,高中时参加"中国高中生访日代表团"活动的经历让他感受到了发达国家与发展中国家社会福利的区别,这为 ZYK 投入我国扶贫事业埋下了伏笔。而之后与学院老师下乡扶贫的经历,则更坚定了他为我国扶贫事业、社会福利事业作出贡献的决心。ZYK 团队项目使荒山变金山,照亮乡村振兴路。2019 年,项目带动 52 个村 3150 余农村劳动力从事百合种植,种植面积达 3500 余亩,每亩收入达 1.1 万元。

（一）ZYK 基本情况

ZYK,男,井冈山大学生命科学学院环境工程专业毕业生。高中时参加"中国高中生访日代表团"活动的经历让他感受到了发达国家与发展中国家社会福利的区别,这为 ZYK 投入我国扶贫事业埋下了伏笔。ZYK 具有敏锐的市场观察力,对创业有激情,"创业会提升你的气质、格局,这些是金钱买不到的。我觉得创业是一个很好的东西,不管是作为一个负责人来讲,还是作为一个团队成员来讲,绝对是有利而无害的。创业很累,为了表现你公司的所有的东西,一个文案做到凌晨三四点都是很正常的事情"。

（二）ZYK 创业情况

1. 创业缘起

实践经历激发 ZYK 的创业意愿。一是高中的实践经验与访问日本的经历激发 ZYK 的责任担当。高中时参加"中国高中生访日代表团"活动的经历让他感受到了发达国家与发展中国家社会福利的区别，这为 ZYK 投入我国扶贫事业埋下了伏笔。二是大学下乡扶贫工作经历坚定了 ZYK 的责任担当。一次偶然的机会，ZYK 跟随学院老师到偏远山村扶贫。面对农村青壮年外出打工，留守的基本上是老弱病残的现状，在详细了解国家精准扶贫有关政策后，他下定决心一定要为留守农民做些力所能及的事情。

2. 创业孵化

下乡扶贫经历、自身创业能力提升促进孵化创业项目。一是学校下乡扶贫经历的启迪。农村地区艰苦的生活环境和农产品销路不畅的现实，与他之前对于农村的想象形成了巨大的反差。由此，更加坚定了他的创业初心和扶贫之路。二是自身创业能力的提升。"我开展业务时也要学习，不仅仅局限于课本。之所以我上手这么快，是因为我将自己的第一桶金用于投资，并报了相应的课程。外面的很多老师已经相当成熟，他们会教我如何解决合同、制度、管理上的问题，这些都是必须要去学习的，不学习有些问题是没办法解决的。创业前先丰富自己，让自己站在一个相对高的位置。"

3. 创业实践

政府相关部门及学校、团队、技术支持推动创业实践。2018 年，ZYK 创立了自己的第一家公司——江西千途商贸有限公司。刚开始运营的时候，他和团队成员走遍农村的山山水水，发现在很多贫困山村，即使有种植的产业，也因为农民不懂得种植技术，产量低，果品差，没有竞争力。他准备先把农户的产量弄起来，逐步把农户的实际困难解决。正好学校老师发展的百合产业项目需要销售帮扶，他们就一起成立了一个团队，老师负责种植和技术辅导，ZYK 团队负责销售。一是政府相关部门和学校助力推动创业实践。2017 年，在政府相关部门、井冈山大学的帮助支持下，莲花县 3 个村试点种植百合 300 亩。专家对采摘后的百合鲜货样品进行了分析，各项指标都达到优级，当年实现总产量约 34.5 万公斤，实现利润 270 万元，带动农村劳动力转移新增就业 1500 人。二是团队、技术支持推动创业实践。学校组建了以教授领队的省级高水平学科生物学团队，瞄准乡村振兴主战场，联合政府、企业组建协同创新中心。

三、案例 C：文化引领，吸引留赣创业

案例 C 为景德镇学院陶瓷美术与设计专业毕业生 MLS。景德镇学院陶瓷美术与设计艺术学院有国家级科研平台"陶瓷文化"传承基地、国家一流线下课程"陶瓷古彩装饰"、高水平教学团队景德镇传统陶瓷釉上装饰技法教学团队、工艺美术专业创新创业教学团队、陶瓷花纸设计研发团队等。MLS 在浓厚的陶瓷文化中开始了创业之旅。

（一）MLS 基本情况

MLS，男，非江西籍生源，景德镇学院陶瓷美术与设计专业毕业生。他在陶瓷文化故乡与陶瓷结缘，现为青匆艺集陶瓷文化中心负责人、江西省文艺学会陶瓷文化艺术研究专业委员会副主任委员、珠山区马鞍岭景漂工会委员会主席、景德镇学院创新创业学院客座导师、艺术品高级鉴定评估师、青少年博物馆教育推广人、景德镇市"3+1+X"产业人才。"孟铃烁陶瓷文化传承创新工作室"被教育部评为首批中华优秀传统（陶瓷文化）传承基地，是景德镇陶瓷非遗保护协会理事单位。MLS 设计的作品多次被新华网、人民网、中国青年网、中国江西网、《江西日报》、《中国商报》、江西电视台、中国陶瓷频道等 20 余家媒体报道。

（二）MLS 创业情况

1. 创业缘起

文化浸润启迪创业。MLS 因一次博物馆参观而与陶瓷结缘，并开始收集古瓷片，翻阅相关书籍与资料，这让他对陶瓷的认识与理解逐渐加深。

2. 创业实践

专业特长、创业激情、地方文化、红色文化推动创业实践。一是专业特长推动创业实践。MLS 在大二时开始创业，凭借自己所学以及对陶瓷的理解，设计创作了一些作品。二是创业激情推动创业实践。创业是风险性极高的挑战性事业，是需要不断产生创意、推动创意转化的过程，资金、技术、场地、人脉都需要不断去开拓。MLS 在创业过程中不断学习以更新产品的创意、落实创意、推广创意，以最大的努力争取人、财、物等各方面的支持。三是地方文化推动创业实践。毕业后，MLS 全身心投入创业，和几位志同道合的同学组建了创业团队，决定开设古陶瓷标本展厅，在宣传景德镇陶瓷艺术与中国传统文化的同时，扩大自身影响力，以获取更大的发展。他将收集而来的古瓷片分门别类地在标本馆内展览，供海内外人士免费参观。随着时间的推移，标本展厅的知名度越来越大。他也凭借这一平台开始开展陶瓷文化交流讲座与研学游活动。他积极同外界接触，寻求更大的合作平台。他带领团队入驻景德镇三宝湖田书院，成立"青匆艺集陶瓷文化中心"，并将古陶瓷标本展厅也搬迁至湖田书院内。标本展厅的知名度与日俱增，甚至成为所在地三宝瓷谷的一个知名景点。四是红色文化推动创业实践。2021 年，恰逢中国共产党成立 100 周年，在这个特殊的年份，MLS 将自己多年收集的有关建党历史的藏品捐赠出来，让更多的人了解和体会这段历史。因为见证了大量有关瓷业工人斗争的历史遗物与旧址，心怀崇敬的他收藏了大量的相关历史遗物。随着收集量的与日俱增，MLS 对景德镇革命运动历史的了解也愈发深刻和清晰。MLS 主持负责设计场馆与展览内容。经过数月紧锣密鼓地装修，陈列室于 2021 年 12 月初正式对外开放，受到参观者的一致好评。

四、案例 D: 实践引领，助推创业

案例 D 为江西工业贸易职业技术学院旅游商务系城市轨道交通运营管理专业毕业生 ZSL。ZSL 是革命烈士后代，但家境贫寒，具有较强的创业意识。江西工业贸易职业技术学院旅游商务系拥有真实经营的生产性实训中心——茗馨阁茶艺馆、江西省烹饪（西餐）项目省级职业技能竞赛集训基地、国家级高级技能人才培训基地和专门的餐旅教研团队。ZSL 在实践导向的氛围中开启了创业实践。

（一）ZSL 基本情况

ZSL，男，江西籍生源，革命烈士后代。进入大学后，为改变自己的经济状况，有着强烈创业梦想的他加入学院创业一条街经营"营养厨房"项目。他在大一就成立了红谷滩区营养厨房餐饮店。这个餐饮店 2019 年营业额突破 77 万元。ZSL 不仅具有创业能力，还积极参与各类创业大赛，提升自己的综合素质，先后获得国家励志奖学金、江西省"建行杯"第五届"互联网 +"创新创业大赛银奖、江西省"建行杯"第七届"互联网 +"创新创业大赛铜奖、一等奖学金，以及"三好学生"、"大学生创业之星"、"优秀毕业生"等荣誉。

（二）ZSL 创业情况

1. 创业缘起

家境贫困、学校项目孵化激发了创业意识。一是家境贫困激发创业意识。2017 年，ZSL 进入江西工业贸易职业技术学院城市轨道交通运营管理专业学习。因家境贫寒，ZSL 深感父母不易，决心靠自己的双手、智慧创造财富，改变命运。二是学校真实的实践项目孵化助力创业。ZSL 进入大学就加入了学院创业一条街经营"营养厨房"项目。因为吃苦耐劳，且掌握方法，指导老师便把接力棒交到了他手上，从此他开始正式接手"营养厨房"项目。"

2. 创业实践

创业氛围、创业激情、学校支持推动创业实践。一是创业氛围推动创业实践。创业对于高职学生来说不是纸上谈兵的事情，而是实实在在需要摸爬滚打的事业。创业是高职学生的一种追求。ZSL 借鉴学长学姐们成功的经营经验，经过几个月的努力，将一个简单的店面改造成了一个有文化、有内涵的店铺，并更换进货商，降低成本，提高品位，新增了手抓饼等新兴食品业务，开发了针对住校老师及家属的校内送货业务，拓展了运营的渠道和内容，使得"营养厨房"声名大噪，营业额大增。二是创业激情推动创业实践。创业是艰辛的，需要大量资金，而且需要不断紧跟市场提升自我能力继而开拓创新。在资金上，ZSL 拿出了他暑期打工的全部积蓄投入到项目中，并积极通过老乡群、同学群寻找项目投资人。在业务上，ZSL 通过学习拓宽眼界，针对线下门店客流量小的问题，他开始学习如何结合"互联网+"，运用 O2O 模式，开发营养厨房公众号。三是学校支持推动创业实践。学院多次对项目进行指导，并且对项目提供了一系列的帮扶，包含政策咨询、免费场地、免除水电费等，助力项目快速落地与发展，从一定程度上减轻了团队的创业压力。

第三节　江西高校大学生留赣创业典型案例分析

一、创业意向缘起：鲜活的教育实践激发大学生创业意愿

马克思在《德意志意识形态》中指出，"人是现实的人"，"全部人类历史的第一个前提无疑是有生命的个人的存在"。而作为"现实的人"，人的存在方式就是交往实践中生成的一切社会关系的总和。作为现实的人，他们是有着不同层次需要的人。马克思指出："思想、观念、意识的生产最初是直接与人们的物质活动，与人们的物质交往，与现实生活的语言交织在一起的。人们的想象、思维、精神交往在这里还是人们物质行动的直接产物。人们是自己的观念、思想等等的生产者……意识在任何时候都只能是被意识到了的存在，而人们的存在就是他们的现实生活过程。"

在这 4 个案例中，创业的缘起具体不一，但根本的都是源于鲜活的教育实践。正是在教育实践中，他们才有了创业的意向。案例 A 和案例 D 的家庭困境激发了他们的创业斗志，但如果没有学校的创业项目实践，也难

以真正形成创业的具体行动。

二、创业行动开启：大学是开启创业的关键阶段

就传统而言，大学在其悠久的发展历史中逐步产生了人才培养、科学研究、为社会服务这三个经典的功能。而大学之大，在于其在历史长河中迸发出强盛的生命力。大学的功能在今天有着更多维的理解视角。有研究者认为，就业是当今大学的功能之一。这无疑有着现实的基础。因为大学本身就是专业教育，有着前沿的理论，进入大学的学生都依着一个专业，专业与行业有着紧密的联系。培养的大学生质量如何，在一定程度上就是检验大学生这一"成品"是否被社会所接受。同时，进入大学的学生正值青年，青年时期是人一生的黄金时期，是思想最为活跃、创造力最为旺盛的时期。当前，国家高度重视大学生创新创业教育，投入了大量的人力、物力、财力。在这4个案例中，我们发现，大学是开启创业的关键阶段。

创业的行业大都依托所学专业，如案例A中LXQ的专业是生物科学，其创业实践所涉行业与专业一致。案例B中ZYK的专业是环境工程，其创业实践依托于学院的专业及技术。4个案例中，创业者都是在大学就孕育了创业的意识，其中，案例B、C、D中创业者在大学低年级就开始了创业，尤其是在案例D中，创业者开始创业的时间非常早，大一便开始了创业。

三、政策、环境、技术、资金等是影响创业能否持续的客观因素

作为以关系总和为本质特征的人，离不开现实的社会。社会和个人是辩证统一的。社会是个人的存在方式、发展基础，而个人是社会的组成部分，社会由一个个鲜活的现实的人组成。创业不是孤立的事业，需要政策、环境的支持，更需要资金、技术、场地、平台的支撑。

在这4个案例中，创业者之所以能成功创业，一个重要原因就是他们的项目都获得了政策、环境的支持。当前，大学生创新创业教育持续推进，大学生创新创业政策持续深化，大学生创新创业环境持续改善。尤其是每

年各类国家级、省级创新创业大赛激励着大学生创业实践，给予大学生创业肯定、荣誉。可以说，当前建设创新型国家的创新创业各项政策、制度、环境持续升级。4 个案例中的创业者都参与了不同级别的创新创业大赛，都是创新创业大赛的获益者、获奖者，以赛促创成效显著。

在这 4 个案例中，创业者都面临着资金、团队、技术、场地等现实之困。他们之所以能持续创业，一个重要原因就是都获得了学校的支持。案例 A 中，无论是在技术上还是在资金上，创业者都离不开母校的扶持。案例 B、C、D 也是如此。

四、创业激情是影响创业持续的主观因素

4 个案例显示，身份认同、愉悦、韧性、冒险、心流是创业者必须具备的条件。身份认同是创业者对自身和创业者群体所共有的价值观及行为特征的认可，身份认同使得创业个体以创业者身份自居，从而具有更强烈的创业意愿。愉悦是创业者在创业过程中轻松、愉快的情绪，它使创业者对创业前景持乐观态度，更愿意进行创业。 韧性是创业者在创业过程中坚持不懈的态度，即使遇到困难甚至是失败，创业者依然坚持不懈于创业活动。心流是创业者对创业投入的专注，创业者更愿意将时间精力投入创业活动中。具有冒险精神的创业者，在创业活动上更具奋进精神，促使创业者积极参加创业活动。

4 个案例中的创业者均具备较强的身份认同、愉悦、韧性、冒险、心流品质。案例 A 中，创业者自身具有艰苦奋斗的品质，在教育引导下，她暗暗下定决心要学好专业知识，并产生了帮扶农户科学养殖土鸡实现脱贫致富的想法。在实践中，她忙于项目及各类大赛，不觉得苦，反而觉得有收获感和满足感。在遇到困难时，她虽然有疑虑，但在老师的支持下坚定小鸡蛋有大能量，专注项目。案例 B 中，创业者自身经济条件应该说是不错的，但他心系农民、公益，专注于要为农民做点实事。他对创业非常认同，认为创业可以提升一个人的素质。在创业过程中作为负责人虽然非常

辛苦，但他始终有着不断挑战自我的目标，学习各类知识，表现出坚韧的品格。案例 C 中，创业者在大二就开始了创业，在创业过程中，不仅在专业基础上专注于各类古陶瓷的收集与学习，还不断根据时代、实践推出有创意的产品，表现出了冒险、韧性的品格。案例 D 中，创业者因家庭困境，从入学起就有着靠自己的劳动、智慧改变生活的坚强意志。在创业过程中面对困境时，他表现出了极强的韧性。

本章小结

本章通过案例分析了大学生留赣创业意愿的影响因素。研究结果表明，鲜活的教育实践激发了大学生的创业意愿，大学是开启创业的关键阶段，政策、环境、技术、资金等是影响创业持续性的客观因素，创业激情是影响创业持续性的主观因素。

第七章

中国式现代化视域下江西高校大学生留赣创业扶持机制设计

当前和今后一个时期，中华民族伟大复兴的战略全局与世界百年未有之大变局相互作用、相互激荡，江西面临一系列新机遇和新挑战。要吸引和引导更多高校毕业生留赣创业，政府是促进者，高校是担当者。

第一节　政府强化创业引领，加大对创新创业的服务与扶持

一、加大支持力度

一是政策支持。政府要加大在减税政策、贷款优惠政策、创业补贴政策等方面的支持力度，不断完善创业政策，特别是资本型政策、服务型政策、文化型政策，更好地为大学生创业解决资金难题、提供创业服务等。

二是资金支持。政府要设立专门的创业基金或创业扶持基金，为有创业意愿的大学生提供启动资金，加强对大学生创业的资金支持，在拓宽融资渠道、扩大资金支持面、税收优惠减免等方面加大政策支持力度；创新

信贷机制，拓宽融资渠道，扩大专项基金和创业补贴规模，缓解大学生创业面临的融资困难局面。

三是培训支持。在各高校设立创业培训基地，提供创业培训课程和资源，帮助创业者提升管理、市场营销、财务等方面的能力。和优质企业合作举办创业讲座，通过树立创业典型激发大学生的创业热情，培养大学生的创业意识。在高校开设创业课程，加强大学生创新创业教育培训，培养大学生的创业技能，提升大学生的创业信心，增强大学生的创业意愿。同时，制定在基地提供创业导师的制度，为创业者提供指导。

四是服务支持。设立创业孵化器或创业服务中心，为创业者提供场地、设施和专业辅导等。提供市场调研、商业咨询、法律咨询等支持服务，帮助创业者解决问题和提高竞争力。改善创业环境，简化创业注册手续和审批流程，降低创业者面临的行政和法律障碍。创业孵化园区是大学生创业起步阶段的重要支持平台，要加大创业孵化园区建设，为创业园区配备良好的水电、网络等设施，提供良好的创业环境。完善创业咨询服务政策，为大学生创业提供法律、财务、政策咨询等方面的服务，以减轻大学生创业的风险，提高创业成功率。

五是环境支持。加强知识产权保护，鼓励创新和创意产业的发展。

二、加大宣传力度

一是开展类型多样的赛事活动。重视现有赛事活动的宣传力度，通过增强现有赛事活动的覆盖面和参与面，吸引更多学生参与其中。同时，拓展专门的留赣创业项目创意赛事活动，在各高校广泛普及，并通过线上、线下渠道进行广泛宣传。这样的赛事活动可以提供学生展示创新创业项目的平台，激发学生的创新创业热情。

二是打造专门的留赣创业宣传活动产品。通过线上和线下渠道征集留赣创业典型案例，对这些典型进行宣传和奖励。这样的宣传活动可以采用文字、图片、视频等多种形式，通过社交媒体、校园宣传渠道等途径传播，使更多的学生了解和认可留赣创业的机会和优势。

三是加强合作与推广。与相关高校、创业机构、企业等建立合作关系，共同推广大学生创业宣传活动。通过合作伙伴的资源和渠道，实现宣传效果最大化。同时，提供支持和奖励机制，鼓励高校教师和学生主动参与创业宣传活动，进一步加大推广力度。

四是重视典型案例宣传。典型案例宣传可以塑造良好的创业氛围和榜样效应，激发更多学生的创业热情，并为他们提供实践和交流的机会。加强合作与推广可以会聚更多资源与力量，共同推动大学生创业宣传工作的开展。

五是营造容忍创业失败的氛围。大学生创业者容易因缺乏创业经验而导致创业失败，政府和社会不仅要促进大学生创业，而且要为创业失败者营造一种即使创业失败也值得尊重的氛围，让社会形成一种包容失败的文化氛围，即使经历创业失败，大学生创业者也能够重新恢复当初对创业的激情，相信自己在经历挫折后更能接近成功。

第二节　高校建立全程创业育人体制，加大创新创业教育与服务

一、升级现有创新创业教育学院

目前，江西高校大部分都成立了专门的创新创业教育学院，但就现行状况来看，其主要是组织师生参与各类创新创业大赛。这与学院是教学研究的基本单位的本质有差距。一方面，由于现有的创新创业教育学院是由原来的职能部门衍生而来，人员也由一些行政人员组成。另一方面，现有创新创业教育学院没有专攻创新创业的专业师资队伍，这必然不能形成以研以创促大学生创业的动力。鉴于此，建议升级现有创新创业教育学院，可在各学院现有专注于创新创业的教师中形成基础师资力量。

二、研发实战性强的创新创业教育课程体系

目前，江西高校大部分开设了创业教育课程，但这一课程主要是就理论谈理论，实践指导性不强，更谈不上形成创新创业教育课程体系。因此，要开设涵盖创业思维、商业模式设计、市场调研、团队管理、心理学等方面的课程。这些课程应该结合实际案例和项目，鼓励学生进行团队合作和实践操作，培养学生的创新创业能力和实践能力。

三、建立创业导师团队

高校要邀请有丰富创业经验的企业家或专业人士担任导师，为学生提供个性化的创业指导和咨询服务。通过导师制度帮助学生规划创业路径，优化商业计划，解决实际问题，并与学生建立长期的合作关系。

四、强化全程实践导向

高校要积极推动学生参与创新创业实践，通过与学科结合，建立创新创业实践第二课堂的课程体系。积极与企业、政府相关部门等合作，开展创业实习、创业实训，促进学生深入了解创业实践。同时，通过组织创业比赛、创业讲座、创业项目展示等活动，提供学生展示自己创业项目的平台。

五、建立创业基金和提供风投支持

资金是大学生创业能否成功的关键因素之一。前文4个典型案例中，创业者通过不同的方式解决了创业初期的资金问题，但在实践中，这并不容易。高校应设立创业基金，提供创业资金支持和孵化服务，帮助学生创办企业或推进项目发展。高校应鼓励学生通过竞赛、评审等方式获取创业资金和项目孵化资源。与此同时，积极开展与风险投资机构的合作，为优秀的创业项目提供投资和赞助机会。

六、形成以留赣创业为荣的浓厚氛围

一要强调留赣创业的社会价值。大学生在选择留赣创业后，其身份由学生向创业者转变，两种身份交替时的困扰使得大学生不得不面对身份认同问题。因此，更应强调大学生创业活动对社会的价值，强调创业带动就业、缓解就业压力，创业促进现代化江西建设的作用，让大学生创业者感受到社会的重视，并以留赣创业者身份为荣。

二要关注留赣创业者的创业心理。创业初期，大学生创业者的心理承受能力还较脆弱，高校要定期开展心理培训和心理辅导，提高大学生创业者的创业热情，促使大学生创业者以更高的情绪参与留赣创业活动。

本章小结

本章在前述理论研究、实证研究、案例研究的基础上，提出江西高校大学生留赣创业的扶持机制：一是政府强化创业引领，加大对创新创业的服务与扶持。二是高校建立全程创业育人体制，加大创新创业教育与服务。高校要升级现有创新创业教育学院，研发实战性强的创新创业教育课程体系，建立创业导师团队，强化全程实践导向，建立创业基金和提供风投支持，形成以留赣创业为荣的浓厚氛围。

参考文献

《马克思恩格斯选集（第 1 卷）》，人民出版社，2012。

《马克思恩格斯选集（第 2 卷）》，人民出版社，2012。

《马克思恩格斯选集（第 3 卷）》，人民出版社，2012。

《马克思恩格斯选集（第 4 卷）》，人民出版社，2012。

《马克思恩格斯文集（第 1 卷）》，人民出版社，2009。

《习近平谈治国理政》，外文出版社，2014。

《习近平谈治国理政（第二卷）》，外文出版社，2017。

《习近平谈治国理政（第三卷）》，外文出版社，2020。

习近平：《决胜全面建成小康社会　夺取新时代中国特色社会主义伟大胜利——在中国共产党第十九次全国代表大会上的报告》，人民出版社，2017。

《中共中央关于党的百年奋斗重大成就和历史经验的决议》，人民出版社，2021。

中共中央党史研究室编：《习近平关于全面建成小康社会论述摘编》，中央文献出版社，2016。

王让新、李弦：《"现实的人"的理论跃迁：历史唯物主义的深度解读》，人民出版社，2018。

张文彤：《SPSS统计分析高级教程（第2版）》，高等教育出版社，2013。

贝克尔：《人力资本——特别是关于教育的理论与经验分析》，北京大学出版社，1987。

闵维方：《教育投入、资源配置与人力资本收益》，经济科学出版社，2009。

张杨：《家庭资本与研究生就业认知——基于"211"高校的实证研究》，《高教探索》2018年第1期。

刘世定：《相对地位和高等教育》，《北京大学教育评论》2004年第4期。

陈晓云：《大学生择业偏好的实证分析》，《中国成人教育》2010年第2期。

黄兢：《我国大学生跨地区就业流动的影响因素分析》，《中国高教研究》2018年第4期。

孙文浩、张益丰：《城市抢"人"大战有利于地区新旧动能转换吗？》，《科学学研究》2019年第7期。

黄文义、胡乐明：《试论提高我国劳动者工资收入的理路》，《教学与研究》2021年第7期。

吴传琦、张琪：《工资对个人劳动供给的非线性影响：部门市场化程度差异视角》，《南方经济》2021年第4期。

邱文琪、岳昌君：《地域流动与高校毕业生就业意愿的实现》，《教育经济评论》2021年第1期。

王利国：《吉林省大学生就业的经济影响因素分析》，《税务与经济》2018年第2期。

林静霞、何金廖、黄贤金：《城市舒适性视角下科研人才流动的城市偏好研究》，《地域研究与开发》2020年第1期。

葛玉好、牟小凡、刘峰：《大学生就业地域选择的影响因素分析——基于扩展的托达罗人口流动模型》,《中国人民大学教育学刊》2011 年第 4 期。

张抗私、周晓蒙:《大学毕业生就业的省际流动特征及其影响因素》,《人口与经济》2018 年第 1 期。

盛玉雪、赵晶晶、蒋承:《我国高校毕业生跨省就业流动的空间相关性研究》,《北京大学教育评论》2018 年第 1 期。

温光耀、陈浩、于涛:《基于计划行为理论的大学生就业城市选择特征与影响机制研究——以南京为例》,《现代城市研究》2020 年第 6 期。

蔡思远、陆军:《高校扩招能够改善工资扭曲吗?——来自中国工业企业的证据》,《当代经济科学》2021 年第 4 期。

殷志扬、冉云芳、钱鑫:《人力资本专用性、学生流失率对企业参与校企合作紧密程度影响的实证研究》,《教育与经济》2019 年第 4 期。

钟云华:《社会资本对大学生就业的负面效应及其发生机制分析》,《教育发展研究》2018 年第 3 期。

孔高文、刘莎莎、孔东民:《我们为何离开故乡? 家庭社会资本、性别、能力与毕业生就业选择》,《经济学(季刊)》2017 年第 2 期。

李宏彬、孟岭生、施新政、吴斌珍:《父母的政治资本如何影响大学生在劳动力市场中的表现——基于中国高校应届毕业生就业调查的经验研究》,《经济学(季刊)》2012 年第 4 期。

石红梅、丁煜:《人力资本、社会资本与高校毕业生就业质量》,《人口与经济》2017 年第 3 期。

秦印:《人力资本类型与大学生初职就业质量关系研究》,《广西民族大学学报(哲学社会科学版)》,2017 年第 4 期。

金久仁:《家庭背景与毕业生职业获得关系的公平性研究》,《教学研究》2009 年第 2 期。

蔡蔚萍:《家庭背景中母亲对子代教育获得和社会地位获得的影响》,《广州大学学报(社会科学版)》2016 年第 4 期。

阎凤桥、毛丹:《影响高校毕业生就业的社会资本因素分析》,《复旦教育论坛》2008 年第 4 期。

孟大虎、曾凤婵、杨娟：《人力资本、社会资本与大学毕业生求职渠道的选择》，《中南财经政法大学学报》2011 年第 6 期。

邹波、周家星：《大学生如何能够找到"好工作"——人力资本影响大学生就业质量的实证分析》，《教育学术月刊》2019 年第 10 期。

罗筑华、王汉青：《新时代下大学生就业质量提升中的现实审视与路径分析》，《黑龙江高教研究》2019 年第 10 期。

赵明：《我国大学生就业质量提升的对策研究》，《江苏高教》2019 年第 10 期。

许涛：《基于"个人—国家—家庭"三维需求侧的新时代大学生就业价值观引导》，《教育与职业》2019 年第 18 期。

赵爱琴：《构建校企行联动大学生就业服务平台的实践探索》，《教育与职业》2019 年第 14 期。

马永霞、张雪、施翰：《大学生就业能力的"双顾客"满意度评价研究》，《教育与经济》2019 年第 3 期。

黄梁：《大学生就业从众心理与主体性就业指导》，《人民论坛》2019 年第 14 期。

李志红、柏维春：《大学生就业区域流向协同引导机制构建研究》，《思想教育研究》2019 年第 4 期。

尹兆华：《新媒体对大学生就业的影响及其对策》，《传媒》2019 年第 8 期。

刘芷含：《大学生就业压力与主观幸福感：双向中介效应》，《中国临床心理学杂志》2019 年第 2 期。

苏红、彭迪云：《高校思政课教师职业认同感生发机理探析》，《黑龙江高教研究》2023 年第 6 期。

邱玥琰、杨慧康：《均衡视角下的大学生就业优化路径研究》，《江苏高教》2023 年第 10 期。

李春玲：《风险与竞争加剧环境下大学生就业选择变化研究》，《中国青年社会科学》2023 年第 5 期。

于永达:《"00 后"大学生就业心态与职业发展对策》,《人民论坛》2023 年第 6 期。

赵明、陈小满:《激活内生性动力:化解贫困大学生就业困境的路径选择》,《江苏高教》2023 年第 8 期。

孔柠檬、吴瑾菁、张剑锋:《民族旅游促进铸牢中华民族共同体意识研究》,《贵州民族研究》2023 年第 4 期。

史秋衡、任可欣:《我国大学生就业能力内涵及其影响因素探析——基于应用型高校与研究型高校的对比》,《华东师范大学学报(教育科学版)》2023 年第 8 期。

李长熙、张伟伟:《我国大学生就业研究知识图谱(2003—2021 年):基于 Cite Space 的计量分析》,《当代青年研究》2023 年第 4 期。

苏红:《对新常态下大学生就业形势的认识与思考》,《教育与职业》2016 年第 2 期。

石雪娟、吴师伟、董莉:《心理资本对大学生就业焦虑的影响:自我管理的中介作用》,《中国健康心理学杂志》2023 年第 10 期。

潘莉莉、李宝珠:《大学生就业压力量表编制及信效度检验》,《中国健康教育》2023 年第 6 期。

张剑、张烨:《基于多特征融合的 GRU-LSTM 大学生就业动态预测》,《计算机科学》2023 年第 1 期。

俞光华、尹同录:《智能化背景下大学生就业问题探析》,《教育与职业》2023 年第 11 期。

田丰:《择业大于就业:大学生就业意愿的趋势性分析(2012—2021)》,《学海》2023 年第 3 期。

周利平、苏红、邓群钊:《农户参与灌溉管理意愿的实证分析——基于江西农户的调查》,《江西社会科学》2014 年第 2 期。

杨金尧:《区域文化对大学生就业倾向的影响及改进建议》,《中学地理教学参考》2023 年第 3 期。

张刚生：《互联网舆论对青年大学生就业认知的误导与对策研究》，《中国青年研究》2023 年第 5 期。

刑成建、郑岚戈、李益智：《大学生就业心理影响因素：一般自我效能感的中介作用》，《中国健康心理学杂志》2023 年第 3 期。

李明星：《基于生态文明建设背景探索思想政治教育与大学生就业之间的关系》，《环境工程》2023 年第 2 期。

徐淑娟：《期待视野下大学生就业路径优化研究》，《江苏高教》2023 年第 2 期。

高婷婷：《职业偏好视角下大学生就业结构失衡的破解路径》，《教育与职业》2023 年第 3 期。

李景鸿：《思政教育对提升大学生就业竞争力的促进作用》，《中学政治教学参考》2023 年第 2 期。

魏敏娜：《不同年级大学生就业预期与就业指导研究》，《江苏高教》2023 年第 1 期。

李玲玲、许洋：《靠个人还是靠学校——我国大学生就业能力结构及其培育机制再思考》，《教育发展研究》2022 年第 3 期。

沈婷、叶映华：《英国高校培养大学生就业能力的选择及启示——基于〈高等教育嵌入就业能力框架〉的分析》，《外国教育研究》2022 年第 11 期。

郭真瑞：《高职思政教育对大学生就业的影响分析》，《中学政治教学参考》2022 年第 9 期。

汪立夏、苏红、赵敏：《新常态下大学生就业工作思考与建议》，《教育与职业》2016 年第 7 期。

王东红、周恒灿：《应用型本科院校大学生就业期望特征与差异研究——基于 12859 份样本数据的分析》，《职业技术教育》2022 年第 3 期。

都阳：《大学生就业的趋势性变化及对策建议》，《人民论坛》2022 年第 7 期。

附录一

调查问卷

江西省高校大学生留赣就业意愿（行为）影响因素调查问卷

亲爱的同学：

为全面了解目前江西省高校大学生留赣就业意愿（行为）影响因素，课题组在江西省各大高校开展这次调查，您的回答对我们的研究非常重要。本调查采用无记名方式，收集的资料仅供学术研究所用，请您如实说出自己的情况和看法，不必有任何顾虑。问卷均为单选，请在相应项目的□里打"√"。

真诚感谢您的合作！

第一部分　个人基本信息

A1. 您的性别：1 □男　2 □女

A2. 您的生源地：1 □江西籍　2 □非江西籍

A3. 您是否是独生子女：1□是　2□否

A4. 您来自：1□省会城市或直辖市　2□地级市　3□县城　4□乡镇　5□农村

A5. 您就读的大学属于：1□原"211"大学　2□普通大学　3□民办大学　4□独立学院　5□高职高专

A6. 您的专业学科类型：1□文史哲　2□经济学　3□法学　4□教育学　5□理学　6□工学　7□农学　8□医学　9□外语　10□管理学　11□其他

A7. 您的学历（含就读）：1□专科　2□本科　3□研究生

A8. 您的学习成绩专业排名平均范围：1□10% 以内　2□10%—50%　3□50% 以上

A9. 您担任学生干部情况：1□校级学生干部　2□院系级学生干部　3□班级学生干部　4□无任职

A10. 您是否是中共党员（含预备党员）：1□是　2□否

A11. 您的英语等级考试情况：1□没有通过 CET4　2□通过 CET4　3□通过 CET6

A12. 您在校期间是否获得某种荣誉或奖励：1□是　2□否

A13. 您在校期间是否有在赣企业实习的经历：1□是　2□否

A14. 您是否为学校某一社团的成员：1□是　2□否

A15. 您是否为学校某一社团的负责人：1□是　2□否

A16. 您的身体状况：1□健康　2□不健康

第二部分　家庭基本信息

B1. 您的家庭年收入水平：1□5 万元以下　2□5 万元—10 万元　3□10 万元—20 万元　4□20 万元—50 万元　5□50 万元以上

B2. 您父母的最高学历：1□小学及以下　2□初中　3□高中 / 中专

4□大专／高职　5□本科　6□研究生

B3. 您父亲的职业：1□公务员　2□企业管理人员　3□事业单位职工　4□工人　5□个体工商户　6□下岗失业人员　7□农民　8□其他

B4. 您母亲的职业：1□公务员　2□企业管理人员　3□事业单位职工　4□工人　5□个体工商户　6□下岗失业人员　7□农民　8□其他

B5. 您父母的最高专业技术职称：1□无职称　2□初级　3□中级　4□高级　5□特高

B6. 您父母的最高行政级别：1□无级别　2□科级　3□处级　4□厅级　5□部级及以上

B7. 对您找工作可能最有帮助的是：1□父母　2□亲戚　3父母的朋友　4□亲戚的朋友　5□熟人　6□老师和学校　7□其他

B8. 可能对您找工作最有帮助的人的行政级别是：1□无级别　2□科级　3□处级　4□厅级　5□部级及以上

第三部分　关于留赣就业意愿的调查

C1. 您毕业后是否愿意留赣就业：1□愿意　2□不愿意

C2. 您父母是否希望您留赣就业：1□希望　2□不希望

C3. 您是否喜欢在江西生活：1□喜欢　2□不喜欢

C4. 如果您毕业后不留赣就业，您的首选是：1□一线城市　2□新一线城市　3□其他城市　4□乡镇等基层

C5. 您希望的择业单位是：1□机关事业单位　2□国企　3□外企　4□民企　5□自主创业　6□其他

C6. 您对月薪的期望是：1□1000—4000元　2□4000—7000元　3□7000—10000元　4□10000元以上

C7. 请您对江西在以下方面的发展程度进行满意度评价（请在对应的选项中打"√"）

序号	题项	1很满意	2较满意	3一般	4较不满意	5很不满意
C7-1	经济发展状况					
C7-2	房价及生活成本					
C7-3	毕业生薪酬水平					
C7-4	就业机会					
C7-5	职业发展空间					
C7-6	大学生落户政策					
C7-7	工作与生活压力					
C7-8	交通状况					
C7-9	社会资源与公共服务（教育、医疗等）					
C7-10	生态质量（空气质量、居住环境等）					

第四部分　关于留赣就业政策满意度及期望的调查

D1. 您对留赣就业政策的了解程度是：1 □没有听说　2 □只是听说 3 □大致了解　4 □详细了解

D2. 您认为留赣就业政策对您做出留赣就业决定的作用：1 □不大 2 □一般　3 □大　4 □非常大

D3. 以下是江西省出台的鼓励大学生留赣就业的政策，这些政策对您有没有吸引力？（请在对应的选项中打"√"）

序号	政策	1非常没有吸引力	2不太有吸引力	3有一定吸引力	4很有吸引力
D3-1	落户政策（如南昌市：大学毕业生含驻昌院校在校生和技能人才首次将户口迁移至南昌，每人发放 1000 元落户奖励）				

续表

序号	政策	1非常没有吸引力	2不太有吸引力	3有一定吸引力	4很有吸引力
D3-2	生活补贴〔如南昌市：大学毕业生和技能人才落户南昌，录用在行政机关、事业单位工作或与驻昌企业签订劳动（聘用）合同，并首次在昌缴纳社保的，按全日制博士、硕士及高级技师（一级）、本科及技师（二级）、大专及高级工（三级），分别给予每人一次性就业、安家、租房等生活补贴5万元、3万元、2万元、1万元〕				
D3-3	创业贷款〔如南昌市：大学毕业生和技能人才首次在昌创办企业（含个体工商户）等经济实体，除按前款条件和标准可申请落户奖励和生活补贴外，还可申请最高30万元创业担保贷款；对合伙创业或组织起来共同创业人员数量较多的，执行最高200万元贷款额度；大学毕业生创办的小微企业，可申请最高600万元的创业担保贷款；对具有全日制博士学位的大学毕业生、高级技师职业资格的技能人才创办的优质创业项目，贷款额度100万元以内的，可免除反担保〕				
D3-4	购房补贴〔如南昌市：对在昌创业且稳定经营2年以上或在昌就业且与企业（不含行政机关、事业单位和国有企业）签订3年以上劳动合同，并在昌缴纳社保满2年的全日制博士、硕士研究生（含高级技师），在昌首次购买商品住房的，分别给予10万元、6万元购房补贴〕				

续表

序号	政策	1 非常没有吸引力	2 不太有吸引力	3 有一定吸引力	4 很有吸引力
D3-5	创业扶持政策（如：对在校或毕业 5 年内的大学生在赣初次创办小微企业，在企业正常经营 3 年内，由当地财政给予实缴社保费和税费等额资助扶持，对企业运营中所产生的房租、水电费用，按照每年度实际缴纳费用的 60% 予以返还。如赣州市：以大学生本人名义在赣州市辖区内创办或领办的科技型经济实体的或者就业于赣州辖区内的大学生，对于符合条件的，给予最高不超 10 万元的项目补助金。给予企业成长贷款贴息，贴息期限 2 年，贴息额度最多不超过 10 万元，并在贷款结束或贷款 2 年后一次性审核拨付贴息资金）				
D3-6	一次性求职补贴（如：对在毕业学年有就业创业意愿并积极求职创业的残疾人、获得国家助学贷款以及低保家庭、贫困残疾人家庭、"建档立卡"贫困家庭、特困人员中的高校毕业生，给予一次性求职补贴 1000 元）				
D3-7	一次性创业补贴［如：对在我省行政区域内创办企业或从事个体经营且稳定经营 1 年以上的在校毕业生和毕业 5 年内自主创业并已领取就业创业证的高校毕业生（含外省籍）给予 5000 元一次性创业补贴］				

序号	政策	1非常没有吸引力	2不太有吸引力	3有一定吸引力	4很有吸引力
D3-8	职业技能鉴定补贴〔如：对通过初次职业技能鉴定并取得职业资格证书（或职业技能等级证书、专项能力证书，不含培训合格证）的毕业前一年的 7 月 1 日至毕业当年的 12 月 31 日之间的高校毕业生和职业院校学生，给予职业技能鉴定补贴。专项职业能力证书 105 元 / 人、初级（五级）260 元 / 人、中级（四级）310 元 / 人、高级（三级）350 元 / 人、技师（二级）560 元 / 人、高级技师（一级）600 元 / 人〕				
D3-9	社会保险补贴〔如：对离校 1 年内未就业的高校毕业生灵活就业后缴纳的社会保险费，给予社会保险补贴，补贴标准原则上不超过其实际缴费的 2/3，补贴期限最长不超过 2 年。针对毕业 5 年内自主创业的高校毕业生（含符合政策规定条件的留学回国人员），已进行就业登记并缴纳社保的，给予社保补贴，补贴标准原则上不超过实际缴费的 2/3，补贴期限最长不超过 3 年〕				
D3-10	提供的毕业生就业岗位				
D3-11	提供的毕业生创业环境				

江西省高校大学生创业意愿及其影响因素调查问卷

亲爱的同学：

为全面了解目前江西省高校大学生创业意愿（行为）影响因素，课题组在江西省各大高校开展这次调查，您的回答对我们的研究非常重要。本调查采用无记名方式，收集的资料仅供学术研究所用，请您如实说出自己的情况和看法，不必有任何顾虑。问卷均为单选，请在相应项目的□里打"√"。

真诚感谢您的合作！

第一部分　个人基本信息

A1. 您的性别：1 □男　0 □女

A2. 您的专业：1 □文科　0 □理工科

A3. 您的专业资格证书数量：1 □0 个　2 □1—2 个　3 □3—4 个 4 □5—6 个　5 □7 个以上

A4. 您是否学生干部：1 □是　0 □否

A5. 您是否是中共党员：1 □是　0 □否

A6. 您的健康状况：1 □很差　2 □较差　3 □一般　4 □较好　5 □很好

A7. 您是否有工作经历：1 □是　0 □否

A8. 您的家庭是否经商：1 □是　0 □否

A9. 您的成绩综合排名情况：1 □很低　2 □较低　3 □一般　4 □较高　5 □很高

A10.您是否参加过专业技术培训：1□是　　0□否

A11.您是否是独生子女：1□是　　0□否

第二部分　创业意愿调查

序号	题项	1非常不符合	2基本不符合	3不确定	4基本符合	5非常符合
YY1	您对创业充满了热情					
YY2	如果能够创业，您会非常高兴					
YY3	您考虑过有关创业的事情					
YY4	您产生过有一天会创业的念头					
YY5	当别人都放弃的时候，您仍然坚持创业					

第三部分　创业意愿影响因素调查

序号	题项	1非常不符合	2基本不符合	3不确定	4基本符合	5非常符合
ZC1	获得银行的小额创业贷款					
ZC2	获得银行低息或无息贷款					
ZC3	政府能够对创新创业贷款担保					
ZC4	获得政府财政资金扶持					
ZC5	享受创新创业税收优惠减免政策					

续表

序号	题项	1非常 不符合	2基本 不符合	3不确定	4基本符合	5非常符合
ZC6	享受注册资金优惠					
ZC7	政府或学校提供了大学生创业孵化中心					
ZC8	政府或学校提供了创业所需的基础设施					
ZC9	获得创新创业技术咨询服务					
ZC10	获得创业法律、财务、政策咨询等服务					
ZC11	学校开设过创新创业教育课程					
ZC12	学校举办过各类创业教育培训讲座					
ZC13	参加过创新创业教育培训					
JQ1	我很享受创业过程					
JQ2	我喜欢创业					
JQ3	创业让我感到兴奋					
JQ4	创业对我而言是惊心动魄的					
JQ5	我相信我能应付风险和挑战					
JQ6	我很清楚地知道我想要什么					
JQ7	我坚持不懈地实现创业目标					
JQ8	面对困难，我能坚持到最后					
JQ9	我相信我能解决创业难题					

序号	题项	1非常 不符合	2基本 不符合	3不确定	4基本符合	5非常符合
JQ10	我喜欢接受挑战					
JQ11	面对难题，我喜欢尝试新方案					
JQ12	我喜欢开拓未知领域					
JQ13	我热衷于寻找提供产品的新思路					

附录二
访谈提纲

大学生留赣就业访谈提纲

1. 您是哪里人？喜欢江西吗？对在江西生活有什么感受？

2. 您毕业后会留在江西就业吗？为什么？

3. 您了解留赣就业哪些政策？对这些政策有什么看法？

4. 您觉得江西吸引大学生留赣就业有哪些优势、哪些劣势？

高校就业工作人员留赣就业访谈提纲

1. 您对留赣就业工作有什么看法？

2. 您认为做好留赣就业工作有哪些堵点，存在哪些困难？

3. 贵校在促进大学生留赣就业工作方面有哪些具体的措施？

4. 请总结一下您在留赣就业工作中的经验和进一步开展工作的打算。

附录三

留赣就业创业政策清单

关于支持大学毕业生和技能人才来昌留昌创业就业的实施意见

为深入实施人才强市战略，切实加大人才引进力度，扎实有效做好支持大学毕业生和技能人才来昌留昌创业就业工作，结合我市实际，特制定如下实施意见（简称南昌"人才10条"）：

一、指导思想

坚持以习近平新时代中国特色社会主义思想为指导，深入贯彻党的十九大和十九届二中、三中、四中全会精神，全面落实党中央、国务院"六稳""六保"决策部署特别是稳就业的要求，不断解放思想，加快赶超步伐，彰显省会担当，立足我市产业发展和经济社会发展的人力资源需求，加快建设一支数量充足、结构合理、素质优良的人才队伍，为做大做强做优大南昌都市圈、建设富裕美丽幸福现代化江西提供坚强有力的人才保障和智力支持。

二、目标任务

以内陆开放型经济试验区建设为契机，着眼提高省会首位度，不断做大城市人口规模和人才总量，大力提升南昌核心竞争力和创新力，围绕吸引百万大学毕业生和技能人才来昌留昌创业就业目标任务，持续优化人才结构，强化人才支撑，举全市之力扎实做好人才引进、培养、使用、服务、保障等各方面工作，努力营造人才在昌创业就业的良好环境和氛围，形成人才合理有序流动的良性循环。

三、适用范围

坚持以普惠性、实用性和可操作性为原则，注重政策的简要、明了、管用，保持"新老政策"衔接和一体化，支持大学毕业生和技能人才来昌留昌创业就业。本意见适用范围和对象包括：自意见发布后，首次来昌留昌创业就业的全日制博士、硕士、本科、大专应届毕业生；首次来昌留昌创业就业的35周岁以下全日制博士、硕士、本科、大专历届毕业生；首次来昌留昌创业就业的35周岁以下高级技师（一级）、技师（二级）、高级工（三级）。

四、主要举措

1. 支持大学毕业生和技能人才落户南昌。大学毕业生（含驻昌院校在校生）和技能人才首次将户口迁移至南昌（含集体户口，下同），每人发放1000元落户奖励。

2. 支持大学毕业生和技能人才来昌留昌就业。大学毕业生和技能人才落户南昌，录用在行政机关、事业单位工作或与驻昌企业签订3年以上劳动合同，并首次在昌缴纳社保的，按全日制博士，全日制硕士及高级技师（一级），全日制本科及技师（二级），全日制大专及高级工（三级），分别给予每人一次性就业、安家、租房等生活补贴5万元、3万元、2万元、1万元。全日制博士、硕士研究生未落户南昌的，则需在昌首次缴纳社保满1年以上方可申领生活补贴。

　　大学毕业生和技能人才申领生活补贴后须在昌就业满 3 年，对未达到规定年限离开南昌或将户口迁出南昌的，需退回剩余补贴。

　　3. 支持大学毕业生和技能人才在昌创业。大学毕业生和技能人才首次在昌创办企业（含个体工商户）等经济实体，除按前款条件和标准可申请落户奖励和生活补贴外，还可申请最高 30 万元创业担保贷款；对合伙创业或组织起来共同创业人员数量较多的，执行最高 200 万元贷款额度；大学毕业生创办的小微企业，可申请最高 600 万元的创业担保贷款；对具有全日制博士学位的大学毕业生、高级技师职业资格的技能人才创办的优质创业项目，贷款额度 100 万元以内的，可免除反担保。

　　4. 支持来昌留昌创业就业人才安居乐业。对在昌创业就业并缴纳社保满 2 年的人才，可以在本市辖区内购买首套商品住房。对在昌创业且稳定经营 2 年以上或在昌就业且与企业（不含行政机关、事业单位和国有企业）签订 3 年以上劳动合同，并在昌缴纳社保满 2 年的全日制博士、硕士研究生（含高级技师），在昌首次购买商品住房的，分别给予 10 万元、6 万元购房补贴。购买产权型人才住房的，不能同时享受本购房补贴政策。享受购房补贴的人才自取得房屋权属证书满 5 年后，所购住房方可进行产权转让。

　　5. 支持"985"高校毕业生来昌创业就业。对来昌创业就业的"985"高校全日制大学本科毕业生，按照第二条和第四条规定的全日制硕士研究生标准和条件，给予生活补贴和购房补贴。

　　6. 支持驻昌企业提供就业岗位。凡引进大学毕业生和技能人才在昌落户且与本企业签订 3 年以上劳动合同，并首次在昌为其缴纳社保满 1 年的，按照全日制本科（技师）以上 3000 元 / 人、全日制大专（高级工）1000 元 / 人标准，给予该企业提供就业岗位补贴。

　　7. 支持驻昌院校设立创业就业指导中心。在驻昌院校设立一批大学生创业就业指导中心，引导鼓励在校大学生落户南昌、毕业后留昌创业就业。对工作成效突出的指导中心，分别给予每年 10 万元—50 万元工作经费补贴。

8. 支持人力资源服务机构参与人才服务工作。采取政府购买服务的方式，利用市场化手段，积极支持人力资源服务机构参与人才服务平台建设，有效发挥人力资源服务机构在政策宣传、信息发布、求职招聘、人才交流等方面的专业优势和作用，努力为来昌留昌创业就业人才提供贴心服务。

9. 支持有条件的县区和企事业单位开发建设人才公寓。支持县区（开发区）积极盘活现有存量公寓，并按照统筹规划、多点布局思路，结合人才需求，择址建设一批集居住消费、社交文娱、就学就医等配套功能的租赁型人才公寓，面向"重点产业、重点企业、重点人才"建设一批产权型人才住房。同时，大力支持企事业单位按照政策规定自建人才公寓。落户南昌且在昌创业就业的全日制大学本科及技师（二级）以上人才可申请租住人才公寓，最长可租住 3 年，人才公寓出现供不应求时应通过摇号进行定向配租。

10. 支持兑现人才政策"一网通办"。与人力资源服务机构联合搭建政府服务平台——南昌市人才"港、网、窗"一体化服务平台，来昌留昌创业就业的大学毕业生和技能人才对人才政策可以"一网查询"，申报审核兑现政策可以"一网通办"。来昌留昌创业就业人才可以在"港网窗"平台申请兑现落户奖励、生活补贴、购房补贴等。本政策自发布之日起施行。按照"老人老办法、新人新办法"原则，政策发布之后来昌留昌创业就业的人才执行本政策；政策发布之前，已在昌创业就业的人才执行南昌市原有人才政策。

五、组织保障

1. 加强组织领导。各级党委、政府及有关部门要高度重视，认真做好支持大学毕业生和技能人才来昌留昌创业就业工作。此项工作坚持在市委人才工作领导小组领导下组织开展，市委人才办负责统筹协调、定期调度，市人社局负责组织实施，各有关单位按职能抓好落实。要切实发挥政府、院校、中介机构、用人单位做好大学毕业生和技能人才来昌留昌创业就业工作的主观能动性，特别是有关职能部门要积极为人才提供优良服务，加大资金保障力度，统筹分配人力物力财力，形成工作合力。

2.统筹就业岗位。统筹全市行政机关、事业单位、国有企业及基层社会服务管理机构提供就业岗位开发力度，力争每年为大学毕业生和技能人才提供约15万个就业岗位。各县区（开发区）要加强对所辖区用人单位人员需求、岗位（工种）分类、技能要求、薪酬标准等信息的归集汇总，定期更新岗位需求数据上报市人社局；市工信局、市建设局、市商务局等单位要发挥行业主管作用，指导各县区（开发区）做好就业岗位调查摸底工作。

3.强化资金保障。各级财政部门要大力筹集资金，确保各项政策措施兑现落实。行政机关、事业单位、驻昌企业（含中央和省属、市属企业）和在昌创业的人才兑现落户奖励、生活补贴所需资金以及在驻昌企业（不含行政机关、事业单位和国有企业）工作和在昌创业的全日制博士、硕士、"985"高校大学本科毕业生兑现购房补贴所需资金均由市财政统筹予以保障；驻昌企业提供就业岗位、驻昌院校设立创业就业指导中心和人力资源服务机构参与人才服务工作政策兑现由市人社局统一办理，所需经费由市财政统筹予以保障。

4.健全考核机制。坚持把做好大学毕业生和技能人才来昌留昌创业就业工作，特别是各县区（开发区）各单位提供的就业岗位数量和实际招聘人数情况纳入全市综合目标考核内容。对工作成绩突出的，给予通报表扬；对工作落实不力的，给予批评纠正并实行考核扣分；情况严重的，追究相关县区（开发区）或单位领导责任。

本《实施意见》由市委人才工作领导小组办公室负责解释。

关于调整南昌人才政策的补充规定

为加大人才引进力度，提高政策兑现时效，更好地服务保障在昌创业就业的高层次人才和大学毕业生、技能人才，结合实际，现就我市有关人才政策作如下调整：

一、《关于支持大学毕业生和技能人才来昌留昌创业就业的实施意见》（洪发〔2020〕9 号）主要举措第 2 条"支持大学毕业生和技能人才来昌留昌就业"中：大学毕业生和技能人才落户南昌，录用在行政机关、事业单位工作或与驻昌企业签订 3 年以上劳动（聘用）合同，并首次在昌缴纳社保的，按全日制博士，硕士及高级技师（一级），本科及技师（二级），大专及高级工（三级），分别给予每人一次性就业、安家、租房等生活补贴 5 万元、3 万元、2 万元、1 万元。全日制博士、硕士研究生未落户南昌的，则需在昌首次缴纳社保满 1 年以上方可申领生活补贴。

修改为：大学毕业生和技能人才落户南昌，录用在行政机关、事业单位工作或与驻昌企业签订劳动（聘用）合同，并首次在昌缴纳社保的，按全日制博士，硕士及高级技师（一级），本科及技师（二级），大专及高级工（三级），分别给予每人一次性就业、安家、租房等生活补贴 5 万元、3万元、2 万元、1 万元。未落户南昌的，首次在昌缴纳社保满 6 个月后，可按以上标准申领生活补贴。

二、《关于支持大学毕业生和技能人才来昌留昌创业就业的实施意见》（洪发〔2020〕9 号）主要举措第 4 条"支持来昌留昌创业就业人才安居乐业"中：对在昌创业就业并缴纳社保满 2 年的人才，可以在本市辖区内购买首套商品住房。对在昌创业且稳定经营 2 年以上或在昌就业且与企业（不含行政机关、事业单位和国有企业）签订 3 年以上劳动合同，并在昌缴纳社保满 2 年的全日制博士、硕士研究生（含高级技师），在昌首次购买商品住房的，分别给予 10 万元、6 万元购房补贴。购买产权型人才住房的，不能同时享受本购房补贴政策。享受购房补贴的人才自取得房屋权属证书满 5 年后，所购住房方可进行产权转让。

修改为：在昌工作的重点产业企业人才、研发机构人才以及我市引进的人才，不受落户限制，均可在本市辖区内购买首套自住商品住房。对在昌创业且稳定经营 2 年以上或在昌就业且与企业（不含行政机关、事业单位和国有企业）签订劳动合同，并在昌缴纳社保满 2 年的全日制博士、硕士研究生（含高级技师），在昌首次购买商品住房的，分别给予 10 万元、6 万元购房补贴。购买产权型人才住房的，不能同时享受本购房补贴政策。享受购房补贴的人才自取得房屋权属证书满 5 年后，所购住房方可进行产权转让。

重点产业企业名录和研发机构名录由相关主管部门分别建立，并建立动态更新机制。有关人才范围由市委人才工作领导小组予以明确、作出解释。

本补充规定自《关于支持大学毕业生和技能人才来昌留昌创业就业的实施意见》印发之日即 2020 年 6 月 16 日起施行，本补充规定中与我市已出台的政策不一致的，按照本补充规定执行。

南昌"人才10条"政策解读

一、背景和目的

为贯彻落实党中央、国务院关于人才工作的决策部署和省委对南昌提出的"彰显省会担当"的要求，不断做大城市人口规模和人才总量，大力提升南昌核心竞争力和创新力，我市出台了南昌"人才10条"。该政策旨在吸引大学毕业生和技能人才来昌留昌创业就业，持续优化人才结构，强化人才支撑，举全市之力扎实做好人才引进、培养、使用、服务、保障等各方面工作，努力营造人才在昌创业就业的良好环境和氛围，形成人才合理有序流动的良性循环。

二、适用人群

1. 首次来昌留昌创业就业的全日制博士、硕士、本科、大专应届毕业生；

2. 首次来昌留昌创业就业的35周岁以下全日制博士、硕士、本科、大专历届毕业生；

3. 首次来昌留昌创业就业的35周岁以下高级技师（一级）、技师（二级）、高级工（三级）。

三、主要内容

1. 支持大学毕业生和技能人才落户南昌

大学毕业生（含驻昌院校在校生）和技能人才首次将户口迁移至南昌

（含集体户口，下同），每人发放 1000 元落户奖励。

2. 支持大学毕业生和技能人才来昌留昌就业

大学毕业生和技能人才落户南昌，录用在行政机关、事业单位工作或与驻昌企业签订劳动（聘用）合同，并首次在昌缴纳社保的，按全日制博士，硕士及高级技师（一级），本科及技师（二级），大专及高级工（三级），分别给予每人一次性就业、安家、租房等生活补贴 5 万元、3 万元、2 万元、1 万元。未落户南昌的，首次在昌缴纳社保满 6 个月后，可按以上标准申领生活补贴。

大学毕业生和技能人才申领生活补贴后须在昌就业满 3 年，对未达到规定年限离开南昌或将户口迁出南昌的，需退回剩余补贴。

3. 支持大学毕业生和技能人才在昌创业

大学毕业生和技能人才首次在昌创办企业（含个体工商户）等经济实体，除按前款条件和标准可申请落户奖励和生活补贴外，还可申请最高 30 万元创业担保贷款；对合伙创业或组织起来共同创业人员数量较多的，执行最高 200 万元贷款额度；大学毕业生创办的小微企业，可申请最高 600 万元的创业担保贷款；对具有全日制博士学位的大学毕业生、高级技师职业资格的技能人才创办的优质创业项目，贷款额度 100 万元以内的，可免除反担保。

4. 支持来昌留昌创业就业人才安居乐业

在昌工作的重点产业企业人才、研发机构人才以及我市引进的人才，不受落户限制，均可在本市辖区内购买首套自住商品住房。对在昌创业且稳定经营 2 年以上或在昌就业且与企业（不含行政机关、事业单位和国有企业）签订劳动合同，并在昌缴纳社保满 2 年的全日制博士、硕士研究生（含高级技师），在昌首次购买商品住房的，分别给予 10 万元、6 万元购房补贴。购买产权型人才住房的，不能同时享受本购房补贴政策。享受购房补贴的人才自取得房屋权属证书满 5 年后，所购住房方可进行产权转让。

重点产业企业名录和研发机构名录由相关主管部门分别建立，并建立动态更新机制。有关人才范围由市委人才工作领导小组予以明确、作出解释。

5. 支持"985"高校毕业生来昌创业就业

对来昌创业就业的"985"高校全日制大学本科毕业生，按照第二条和第四条规定的全日制硕士研究生标准和条件，给予生活补贴和购房补贴。

6. 支持驻昌企业提供就业岗位

凡引进大学毕业生和技能人才在昌落户且与本企业签订3年以上劳动合同，并首次在昌为其缴纳社保满1年的，按照全日制本科（技师）以上3000元/人、全日制大专（高级工）1000元/人标准，给予该企业提供就业岗位补贴。

7. 支持驻昌院校设立创业就业指导中心

在驻昌院校设立一批大学生创业就业指导中心，引导鼓励在校大学生落户南昌、毕业后留昌创业就业。对工作成效突出的指导中心，分别给予每年10万元—50万元工作经费补贴。

8. 支持人力资源服务机构参与人才服务工作

采取政府购买服务的方式，利用市场化手段，积极支持人力资源服务机构参与人才服务平台建设，有效发挥人力资源服务机构在政策宣传、信息发布、求职招聘、人才交流等方面的专业优势和作用，努力为来昌留昌创业就业人才提供贴心服务。

9. 支持有条件的县区和企事业单位开发建设人才公寓

支持县区（开发区）积极盘活现有存量公寓，并按照统筹规划、多点布局思路，结合人才需求，择址建设一批集居住消费、社交文娱、就学就医等配套功能的租赁型人才公寓，面向"重点产业、重点企业、重点人才"建设一批产权型人才住房。同时，大力支持企事业单位按照政策规定自建人才公寓。落户南昌且在昌创业就业的全日制大学本科及技师（二级）以上人才可申请租住人才公寓，最长可租住3年，人才公寓出现供不应求时应通过摇号进行定向配租。

10. 支持兑现人才政策"一网通办"

与人力资源服务机构联合搭建政府服务平台——南昌人才"港、网、窗"一体化服务平台，来昌留昌创业就业的大学毕业生和技能人才对人才政策可以"一网查询"，申报审核兑现政策可以"一网通办"。来昌留昌创业就业人才可以在"港网窗"平台申请兑现落户奖励、生活补贴、购房补贴等。

本政策自发布之日（2020 年 6 月 16 日）起施行。按照"老人老办法、新人新办法"原则，政策发布之后来昌留昌创业就业的人才执行本政策；政策发布之前，已在昌创业就业的人才执行南昌市原有人才政策。

四、办理途径

南昌"人才 10 条"不区分中央、省属驻昌单位和市属单位，凡符合条件的全日制大专、本科、硕士、博士毕业生和技能人才，在昌缴纳社保的，分别给予 1 万、2 万、3 万、5 万元的一次性生活补贴；凡符合条件的大专以上大学毕业生，落户南昌的，给予每人 1000 元的落户奖励，真正实现同城同享，聚合了大学毕业生来昌创新创业。南昌"人才 10 条"奖励补贴的申领全部信息化操作，利用网络大数据做到"免批秒兑"，人才在线上申领后，最快几分钟内相关的奖励补贴就能到账。

关于促进高校毕业生来市留市就业创业若干措施

为深入实施人才强市战略，进一步促进高校毕业生（含技工院校预备技师班毕业生、高级工班毕业生，下同）来市留市就业创业，为建设革命老区高质量发展示范区提供强大人才支撑，特制定以下措施：

一、鼓励高校毕业生来市求职就业。毕业2年内的市外高校毕业生到赣州参加企业招聘并被成功录用的，按市外省内每人300元、省外每人500元给予一次性求职交通补贴，补贴资金由受益财政承担。通过盘活现有人才公寓或政府购买服务的方式，建设"青年人才驿站"，为来我市企业求职的高校毕业生提供最长7天的免费住宿。〔责任单位：市人社局、市委人才办、市城市住房服务中心、市财政局、团市委、各县（市、区）人民政府〕

二、落实高校毕业生生活补贴。全面实施无门槛落户，对毕业2年内的高校毕业生落户赣州（含赣州本地户籍），与企业签订1年以上劳动合同，并首次在市域内缴纳社保的，按全日制博士、硕士、本科及大专毕业生最高可分别给予每人生活补贴合计5万元、3万元、2万元、1万元，补贴分3年发放，社保每缴满1年发放一次，补贴资金由受益财政承担。〔责任单位：市人社局、市财政局、市公安局、各县（市、区）人民政府〕

三、加大住房保障力度。在中心城区创业或被中心城区各级机关企事业单位正式录用、聘用且无购（建）房记录的全日制博士、硕士、本科毕业生可分别申请最高140m²、120m²、100m²的人才住房（已婚家庭可提高1个面积层次），并享受50%租金优惠。在中心城区服务满一定年限，与用人单位再续签 5 年及以上劳动合同的，结合人才分类，分层次确定比例，可按核定成本价适当上浮，最高不超过同等地段商品房价格的 80% 购买。博士、硕士、本科毕业生可享受不同档次的公积金人才优惠政策。〔责任单位：市住建局、市财政局、市城市住房服务中心、各县（市、区）人民政府〕

四、开发政策性岗位。发挥党政机关和国有企事业单位吸纳高校毕业生就业的示范带动作用，加大公务员、事业单位、"三支一扶"、国有企业人员等招考力度，每年事业单位招聘考试中拿出不低于 50% 的岗位供应届毕业生报考。鼓励高校毕业生等青年参加就业见习，企事业单位招聘临时辅助性岗位人员时，安排一定数量或比例的岗位，同等条件下优先招聘就业见习人员。〔责任单位：市人社局、市委组织部、市委编办、市国资委、各县（市、区）人民政府〕

五、扩大企业吸纳规模。每年从全市重点企业中征集一批面向高校毕业生的优质岗位，由市级人社部门汇总后公开发布，并为符合职称考核认定条件的大学毕业生开放"绿色通道"。对我市园区企业新招录毕业 5 年内的高校毕业生，按全日制硕士、本科、专科学历分别给予企业每人每年不高于 10000 元、5000 元、3000 元的吸纳就业补贴，就业满一年后申请，最多连续享受 3 年。对市属（驻市）高校毕业生毕业年度内到园区企业顶岗实习的，给予毕业生每人每月 300 元的生活补助，补贴期限不超过 6 个月。补贴资金由受益财政承担。〔责任单位：市人社局、市财政局、市工信局、市商务局、各县（市、区）人民政府〕

六、支持自主创业。对在我市创办企业或者从事个体经营且稳定经营 1 年以上的在校生或毕业 5 年内的高校毕业生，给予 5000 元的一次性创业补贴，补贴资金从就业补助资金中支出。加强创业资金扶持，具有大专以上学历的个人创业可申请最高不超过 30 万元的创业担保贷款，创办小微企业且符合条件的可享受最高不超过 600 万元的创业担保贷款。对申请 10 万元及以下创业担保贷款的大学生，因创业不力还款暂有困难的，可由"无还本续贷"或由担保基金先行垫付，解决续贷周转问题。对毕业学年有就业创业意愿并积极求职创业的困难家庭高校毕业生，给予每人一次性 1000 元的求职补贴，补贴资金从就业补助资金中支出。〔责任单位：市人社局、市财政局、市金融办、市银保监分局、各县（市、区）人民政府〕

七、打造创业孵化平台。鼓励各类市场主体、各高校建设大学生创业孵化基地，以高校毕业生为创业主体，聚集大学生创业人才队伍，孵化培育广大青年大学生自主创业带动就业。加大资金扶持力度，对入驻企业、个人在创业孵化基地发生的物管费、卫生费、房租费、非生产性水电费等进行补贴。对评选认定为县级、市级创业孵化示范基地的，分别给予每个示范基地 30 万元、50 万元的一次性奖补，补贴资金从就业补助资金中支出。〔责任单位：市人社局、市发改委、市教育局、市科技局、各县（市、区）人民政府〕

八、落实税收优惠政策。对企业招用符合条件高校毕业生的，自签订劳动合同并缴纳社会保险当月起，在 3 年内按实际招用人数予以定额（每人每年 7800 元）依次扣减增值税、城市维护建设税、教育费附加、地方教育附加和企业所得税优惠。对毕业年度内个人创业的高校毕业生，符合条件的自办理个体工商户登记当月起，在 3 年（36 个月）内按每户每年 14400 元为限额依次扣减其当年实际应缴纳的增值税、城市维护建设税、教育费附加、地方教育附加和个人所得税。〔责任单位：市税务局、市人社局、市财政局、各县（市、区）人民政府〕

九、鼓励灵活就业。促进数字经济、平台经济健康发展，加快推动网络零售、移动出行、网络直播、线上教育等行业发展，围绕发展新职业、新业态提供职业技能培训服务，支持高校毕业生通过临时性、非全日制、季节性、弹性工作等形式实现灵活就业。加强新就业形态劳动权益保障，灵活就业的高校毕业生可以灵活就业人员身份参加企业职工基本养老保险，对离校 2 年内未就业高校毕业生灵活就业的，按规定给予最长不超过 2 年的社会保险补贴，补贴标准原则上不超过其实际缴费的 2/3，补贴资金从就业补助资金中支出。〔责任单位：市人社局、市财政局、各县（市、区）

人民政府〕

十、发挥人力资源市场配置作用。鼓励经营性人力资源服务机构为高校毕业生留市就业创业提供免费服务，对经营性人力资源服务机构成功为园区企业输送 10 人以上，与本市企业签订 1 年（含 1 年）以上期限劳务派遣合同且稳定就业 6 个月以上的，按每人 500 元标准给予机构一次性劳务派遣补贴，补贴资金由受益财政承担，市财政按 30% 给予补助。对促进就业成效显著、贡献突出的人力资源服务机构，按规定给予及时奖励。〔责任单位：市人社局、市财政局、各县（市、区）人民政府〕

十一、调动高校引导学生留市就业积极性。根据高校毕业生当年离校前留市就业率情况和留市就业率增长情况，给予院校每年最高 50 万的人才经费补贴，补贴资金由市人才工作专项经费承担。〔责任单位：市委组织部、市人社局、市教育局、市财政局、市属（驻市）院校〕

十二、优化就业创业服务。为市属（驻市）院校选派驻校就业服务专员，收集高校毕业生就业创业意向和企业招聘需求，促进供需双方精准对接。建设赣州市人力资源市场智能化招聘平台，在院校定点投放智能化招聘终端，为高校毕业生提供 24 小时不断线的招聘信息查询、政策法规查询、个人简历投递等功能。强化离校未就业高校毕业生实名制帮扶，确保学生毕业后、就业前的就业服务工作不断档。〔责任单位：市人社局、市教育局、市属（驻市）院校、各县（市、区）人民政府〕

本措施自印发之日起施行，试行期 3 年，由市委人才办、市人社局会同相关部门负责解释。大学毕业生士兵和驻市部队非现役文职人员分别纳入第 1 条、第 3 条政策享受范围。补贴事项纳入"亲清赣商"惠企政策兑现平台和惠企政策兑现专窗受理，实现补贴"即申即享"。本措施与现有人才、就业政策不一致的条款，按照"从优不重复"的原则执行。

新余市万名大学生来余留余就业创业工程实施方案

为大力实施人才强市战略，根据《中共新余市委、新余市人民政府印发〈关于实施促进人才发展政策三十条的意见〉的通知》（余发〔2018〕10号）文件要求，未来五年，吸引留住5万名左右大专以上学历高校毕业生到新余就业创业。为落实好此项工作，特制订本实施方案。

一、鼓励市内外院校推荐学生来余留余就业

（一）奖励对象

对推荐毕业生到新余市内工业企业、行政事业单位就业和推荐在校学生到新余市内工业企业短期用工（顶岗实习）的市内外各类普通大中专院校、职业院校及技工学校，给予奖励。

经过国家各级组织、人社等部门统一组织的招录考试等方式和途径，进入行政事业单位的在编毕业生不属于的推荐奖励范围。

（二）奖励标准

1. 推荐就业奖励标准。市内外各类普通大中专院校、职业院校及技工学校推荐当年毕业生到本市工业企业、行政事业单位就业，与企业、单位签订1年以上劳动合同，实际在企业、单位工作6个月以上的，按每推荐一人1200元的标准奖励给推荐就业的院校。

2. 短期用工（顶岗实习）奖励标准。推荐学生到我市工业企业短期用工（顶岗实习），与企业签订用工协议，且实际在企业用工2个月以上的，按每推荐一人300元的标准奖励给推荐就业的市内外院校。

3.奖励计算标准。被推荐到本市工业企业、行政事业单位就业或短期用工（顶岗实习）的学生，推荐院校申报时每人每年只能计算一次奖励；在同一个申报年度不同时间段内，被推荐学生符合本市企业、行政事业单位就业和短期用工（顶岗实习）两项条件的，推荐院校申报时可分别各计算一次奖励。

4.推荐就业时间确定。当年毕业的院校毕业生，被推荐到我市工业企业、行政事业单位就业的，申报推荐就业（指就业用工申报）的时间应在被推荐学生毕业当年的1月1日至12月31日时间段内。

（三）资金来源

所需资金从各级双创专项资金中列支；未设立双创专项资金的，由当地自行解决。

（四）奖励补助资金申领程序

1.用工申报。市内外院校向市内工业企业、行政事业单位推荐毕业生就业或短期用工（顶岗实习），在1个月内持申领材料到工业企业受益财政、行政事业单位所在县（区）就业机构进行用工登记备案。

2.奖励申请。毕业生就业满6个月（在校生短期用工满2个月）后，推荐院校在1个月内携带材料到工业企业受益财政、行政事业单位所在县（区）就业机构申报用工推荐奖励资金。

3.审批程序。县（区）就业机构原则上每季度一次将申报的毕业生就业或短期用工（顶岗实习）推荐奖励资金进行汇总，报同级领导小组办公室；领导小组办公室组织人社、组织部、教育、财政、发改等部门进行联审；审核确认后，同级财政将奖励资金直接拨付给推荐就业或短期用工（顶岗实习）的院校。

4.市本级企业就业和用工奖励资金申领程序。被推荐学生在市本级行政事业单位就业、受益财政为市本级的工业企业就业或短期用工（顶岗实习）时，由推荐院校向市本级就业机构申报奖励资金。奖励资金从市双创专项资金中拨付。

5. 推荐就业申领材料

（1）用工推荐奖励申请。

（2）推荐就业的院校办学许可证、银行账户。

（3）被推荐到本市工业企业就业或短期用工（顶岗实习）的学生花名册、身份证复印件、毕业证（或学生证）复印件、劳动合同（或用工协议）复印件、企业 6 个月（短期用工 2 个月）用工证明和企业发放工资明细账（单）。

二、建立"青年创新创业之星"评选表彰制度

（一）评选表彰"青年创新创业之星"

将大学生创业人员纳入新余市创业典型评选表彰范围，每两年开展一次大学生创业典型评选表彰活动。通过征集、筛选、大众投票、专家评审等方式，确定 10 名大学生创业典型，以市委、市政府名义进行表彰，授予"青年创新创业之星"奖章，并给予每人 1 万元奖励。

所需补贴、扶持、表彰等各项资金从市双创专项资金中列支。

（二）鼓励大学生参与创业创新大赛

鼓励大学毕业生和在校大学生积极参与"中国创翼"、"互联网+"等形式的创业创新大赛，支持人社、团委等相关部门举办创业创新大赛。对获得国家和省有关部门、单位联合组织的创业大赛奖项并在新余登记注册经营的创业项目（创意项目），由主管单位给予一定额度的资助，其中获得国家级大赛奖项的，每个项目资助 10 万元—20 万元；获得省级大赛前三名的，每个项目资助 5 万元—10 万元；获得市级大赛前三名的，每个项目资助 1 万元—5 万元。

以创业大赛为契机，组织高校毕业生参观创业培训基地、创业孵化基地、创业园区、众创空间等，通过创业项目展示、创业路演观摩、创业故事分享、大学生创业公开课等形式，让毕业生了解创业过程，感受创业氛围，培养创新精神，增强创业意识，提升创业能力。

所需资金从市双创专项资金中列支。

三、为高校毕业生来余留余就业创业提供系列优惠政策

（一）鼓励高校毕业生个人来余留余就业创业政策

1. 创业担保贷款并贴息。对在我市创业的高校毕业生，符合创业担保贷款条件的，个人可申请最高不超过 10 万元的创业担保贷款；合伙创业和组织起来创业的，可申请最高不超过 80 万元的创业担保贷款；对高校毕业生创办的小微企业，可申请最高不超过 400 万元的创业担保贷款。

2. 一次性创业补贴。在本市行政区域内创办企业或从事个体经营且稳定经营 1 年以上的在校生和毕业 5 年内（申请人高校毕业证记录的签发时间到申请一次性创业补贴时不超过 5 周年）自主创业并已领取"就业创业证"的高校毕业生，可申请一次性创业补贴，一次性创业补贴标准为 5000 元，每人可享受一次。

3. 一次性求职补贴。本市行政区内有就业意愿并积极求职的城乡居民最低生活保障家庭、持"中华人民共和国残疾人证"、已获得国家助学贷款、贫困残疾人家庭、建档立卡贫困家庭和特困人员中的应届普通高等院校毕业生，可申请一次性求职补贴，一次性求职补贴标准为 1000 元，每人可享受一次。

4. 职业技能鉴定补贴。对毕业年度高校毕业生（含技师学院高级工班、预备技师班和特殊教育院校职业教育类毕业生）通过初次职业技能鉴定并取得职业资格证书或专项职业能力证书，给予职业技能鉴定补贴。职业技能鉴定补贴的具体标准按国家和省规定的鉴定收费标准的 70% 给予补助，但最低不少于 220 元 / 人。

5. 社会保险补贴。对离校 1 年内未就业的高校毕业生灵活就业后缴纳的社会保险费，给予社会保险补贴，补贴标准原则上不超过其实际缴费的 2/3，补贴期限最长不超过 2 年。毕业 5 年内自主创业的高校毕业生（含符合政策规定条件的留学回国人员），已进行就业登记并缴纳社会保险费的，给予社会保险补贴，补贴标准原则上不超过其实际缴费的 2/3，补贴期限

最长不超过 3 年。

6. 扶持电子商务创业就业。经工商登记注册的网络商户从业高校毕业生，同等享受各项就业创业扶持政策；未进行工商登记注册的从业高校毕业生，可认定为灵活就业人员，享受灵活就业人员扶持政策，其中通过网上交易平台实名制认证、稳固经营三个月以上且信誉优良的网络商户从业高校毕业生，可按规定享受创业担保贷款及贴息政策。

（二）鼓励企业单位吸纳高校毕业生来余留余就业政策

1. 社会保险补贴。对招用毕业年度高校毕业生，与之签订 1 年以上劳动合同并为其缴纳社会保险费的小微企业和家庭服务业企业，按规定给予最长 1 年的社会保险补贴。

2. 公益性岗位补贴。对在公益性岗位招用离校 1 年内未就业的高校毕业生的单位（企业），给予公益性岗位补贴，补贴标准原则上不高于所在县（区）最低工资标准的 70%，补贴期限最长不超过 3 年。

3. 就业见习补贴。结合我市产业发展，积极对接省内外高校，建设一批职业见习基地。对吸纳离校 1 年内未就业高校毕业生或国家级贫困县和老工业基地的离校未就业中职毕业生参加就业见习，并支付见习人员见习期间基本生活费、见习综合保险（人身意外伤害保险）费的单位，给予就业见习补贴。就业见习补贴包括见习岗位补贴和见习综合保险（人身意外伤害保险）补贴。见习岗位补贴标准为见习单位所在县（市、区）最低工资标准的 70%；对见习人员见习期满留用率达到 50% 以上的单位，补贴标准提高到最低工资标准的 100%。见习综合保险据实予以补贴。就业见习补贴期限为 6 个月，最长不超过 12 个月。

4. 职业培训补贴。毕业年度内高校毕业生参加就业技能培训的，可按规定向人社部门申请职业培训补贴，职业培训补贴标准根据培训工种、技术等级、培训时间等内容在 300—3000 元 / 人范围以内确定，每人每年可享受一次职业培训补贴。对具有创业要求和培训愿望、具备一定创业条件的高校毕业生，参加创业培训可按规定申请创业培训补贴，补贴标准为每人每天 100 元。对企业新招收毕业年度高校毕业生，在 6 个月内开展岗前就业培训的，按规定给予企业职业培训补贴。

（三）资金保障渠道

除创业担保贷款贴息所需资金由创业担保贷款中央财政、省级财政贴息资金保障外，其余政策落实所需资金由就业专项资金保障。

四、加大组织保障力度

成立新余市万名大学生来余留余就业创业工程领导小组，负责工作的组织、协调、实施、督导、政策落实等工作。组长由市人社局局长担任，副组长由市委组织部、市人社局、市发改委、市教育局、市财政局分管领导担任。领导小组下设办公室，办公室主任由市人社局分管领导担任。

关于促进各类院校毕业生来萍留萍就业创业的若干措施（试行）

为贯彻落实党中央、国务院和省委、省政府关于加强和促进就业创业工作的要求，深入实施人才强市战略，全力促进各类院校毕业生来萍留萍就业创业，吸引和留住更多青年人才，为奋力推进"五区"建设、打造"最美转型城市"提供坚强有力的人才支撑和人力资源保障，结合萍乡实际，特制定如下措施：

一、给予租房补贴。对各类院校毕业生与企业（国有企业除外）签订1年以上劳动合同，并首次在萍连续缴纳3个月以上社会保险费的就业人员，或办理了营业执照，稳定经营6个月以上并首次在萍连续缴纳3个月以上社会保险费的创业人员，给予1000元/月的租房补贴，连续补贴3个月。（责任单位：市人社局、市财政局；经办单位：市、县就业创业服务中心）

二、给予购房补贴。对各类院校毕业生与企业及教育、医疗类事业单位签订1年以上劳动合同，并缴纳3个月以上社会保险费的就业人员，或办理了营业执照，并缴纳3个月以上社会保险费的创业人员，在萍购买商品住房的，按博士、硕士、本科、专科、中专（技校生），分别给予10万元、5万元、3万元、2万元、1万元的一次性购房补贴。建立优惠楼盘库，根据开发商企业承诺，购买住宅在各类常规优惠基础上再优惠100—200元/平方米（具体优惠楼盘及额度另行公布）。（责任单位：市人社局、市财政局、市住建局；经办单位：市、县就业创业服务中心）

三、给予住房公积金贷款优惠。对各类院校毕业生在萍就业创业后购买首套房，并正常缴存满6个月以上住房公积金的，即可享受60万元的最高贷款额度，不受个人住房公积金余额的倍数限制；缴存了住房公积金并且无房的院校毕业生，在满足租房支取条件下，可提取个人住房公积金用于租房（提取金额按不高于 1000 元 / 月的政策执行）。（责任单位：市住房公积金管理中心；经办单位：市住房公积金管理中心、市住房公积金管理中心驻各县区办事处）

四、给予吸纳就业补贴。对工业园区企业、城乡社区服务机构（含社区服务类企业、社会组织类机构）招用毕业年度高校毕业生，签订 1 年以上劳动合同并按规定缴纳社会保险费的，按每人 1000 元的标准给予企业一次性吸纳就业补贴。其中，工业园区企业补贴最高不超过 5 万元 / 家。（责任单位：市人社局、市财政局；经办单位：市、县就业创业服务中心）

五、给予稳定就业社保补贴。对招用毕业年度高校毕业生或离校 2 年未就业的高校毕业生，与之签订 1 年以上劳动合同并为其缴纳社会保险费的小微企业和家庭服务业企业，给予最长不超过 1 年的社会保险补贴。对离校 2 年内未就业的高校毕业生灵活就业后缴纳的社会保险费，给予社会保险补贴，补贴标准原则上不超过其月最低档次缴费的 2/3，补贴期限最长不超过 2 年。毕业 5 年内自主创业的高校毕业生，已进行就业登记并缴纳社会保险费的，给予社会保险补贴，补贴标准原则上不超过其月最低档次缴费的 2/3，补贴期限最长不超过 3 年。（责任单位：市人社局、市财政局；经办单位：市、县就业创业服务中心）

六、给予创业补贴或优秀创业项目资助。对高校毕业生（毕业 5 年内）在萍首次创办企业或从事个体经营，办理了营业执照并稳定经营 1 年以上的，给予一次性 5000 元的创业补贴或优秀创业项目资助。（责任单位：市人社局、市财政局；经办单位：市、县就业创业服务中心）

七、给予创业贷款支持。对各类院校毕业生在萍创业的，10 万元以内的创业贷款免予担保。在萍个人自主创业的，给予不超过 30 万元的创业担保贷款；合伙创业的，给予不超过 200 万元的创业担保贷款；创办企业的，给予不超过 300 万元的创业担保贷款。以上贷款按政策规定给予贷款贴息。

（责任单位：市人社局、市财政局；经办单位：市、县就业创业服务中心）

八、给予优秀创业项目奖励。对在萍登记注册的创业项目获得国家级、省级、市级人社部门牵头举办的创业大赛前三名的，按照名次由高到低奖励：国家级20万元、18万元、16万元；省级10万元、8万元、6万元；市级5万元、3万元、2万元。（责任单位：市人社局、市财政局；经办单位：市、县就业创业服务中心）

九、给予创业项目引导扶持。各级政府及相关部门针对高校毕业生，开发更多优质创业项目，建立创业项目库，整合各类资源和政策，加大扶持服务力度，提高高校毕业生来萍留萍创业成功率。（责任单位：市人社局等部门；经办单位：市、县就业创业服务中心）

本措施所指各类院校毕业生是指毕业5年内的高校、中职、技工院校毕业生，高校毕业生是指毕业5年内的大专以上高等院校毕业生。本措施相关扶持奖励政策与我市"昭萍英才"计划、《萍乡市高层次人才引进实施办法》等有关政策有重复的（如购房补贴与购房安家费属同类型），按较高标准执行，但不重复享受。

其中，第1项措施所需资金由市本级和就业创业所在县区（含萍乡经开区、武功山风景名胜区）财政各负担50%，第2项措施所需资金由所购楼盘所在县区（含萍乡经开区、武功山风景名胜区）财政负担。第1—2项措施所需资金由市财政统一安排拨付经办单位，年终再由市财政和有关县区（含萍乡经开区、武功山风景名胜区）财政结算；第4—8项措施所需资金由市人社部门在全市就业资金中统一安排拨付经办单位，计入有关县区（含萍乡经开区、武功山风景名胜区）就业资金分配额度基数。

附件

贯彻落实关于促进各类院校毕业生来萍留萍就业创业的若干措施（试行）的工作方案

为抓好《关于促进各类院校毕业生来萍留萍就业创业的若干措施（试行）》的贯彻落实，确保各项措施顺利实施和落地见效，结合工作实际，制订本工作方案。

一、加大对外宣传，扩大政策影响力

制订宣传工作方案，各单位结合职能特点，做好对外宣传，全方位宣传、推介萍乡有关政策措施，扩大政策知晓度和萍乡知名度。召开专场新闻发布会，邀请市领导和有关部门负责人参加，及时向社会发布、解读政策出台的背景、意义、成效。通过电视、广播、报纸、各类传媒电子显示屏等传统媒介和网站、微信公众号、抖音等新媒体，多方式、广渠道宣传萍乡的就业创业环境和优惠政策。召开青年人才来萍留萍就业创业座谈会，进一步听取有关意见建议，宣传我市的发展环境和政策措施，号召和激励更多的毕业生来萍留萍就业创业。（责任单位：市新闻传媒中心、市人社局、团市委等有关部门，各县区人民政府、萍乡经济技术开发区管委会、武功山风景名胜区管委会）

二、开展校园宣讲，提高政策知晓率

组织开展"促进各类院校毕业生来萍留萍政策进校园"活动，从相关部门抽调人员成立政策宣讲小分队，结合各院校毕业季、新生报到、重大活动等时间节点，开展政策宣讲，引导和鼓励各类院校毕业生来萍留萍就

业创业。到萍乡学院、江西工业工程职业技术学院、江西应用工程职业学院、萍乡卫生职业学院、市工业学校（市高级技工学校）等市内大中专院校和萍籍大学生较多的市外大中专院校开展政策宣传和现场推介，通过人才寻访、对接招聘等方式，让各类院校毕业生了解政策，吸引更多毕业生来萍就业创业。通过入园区、走访调研、送岗位上门等方式，向工业园管委会、用工企业、员工等宣传政策，提高政策知晓度，吸引企业招聘更多院校毕业生，稳定企业用工。（责任单位：市教育局、市人社局、市工信局等有关部门和有关院校，各县区人民政府、萍乡经济技术开发区管委会、武功山风景名胜区管委会）

三、开发优质岗位，及时发布就业信息

聚焦电子信息、装备制造、节能环保、电瓷电气、文化产业、数字经济等我市传统优势产业和新兴产业领域，全年常态化征集各类急需紧缺岗位信息，及时向社会发布，向院校毕业生等重点就业群体精准推送。进一步梳理全市用人单位岗位需求，围绕培育壮大先进制造业、现代农业和现代服务业，加大政策扶持和指导力度，开发更多适合青年群体的优质就业岗位；统筹加大教育、医疗等事业单位就业岗位开发力度，通过公开招聘、人才引进、定向选聘等方式，吸引更多青年人才来萍发展。通过市县联动，建立和持续更新优质岗位信息库，每年为各类院校毕业生提供优质就业岗位 3000 个以上。（责任单位：市人社局、市教育局、市卫健委、市工信局等有关部门，各县区人民政府、萍乡经济技术开发区管委会、武功山风景名胜区管委会）

四、鼓励青年创业，建立优质创业项目库

通过政策引导和支持，建立青年创业项目库，搭建创业项目、创业者、投资者的对接平台，整合各方扶持资源，提高毕业生在萍创业的成功率，在全社会进一步营造鼓励青年创新创业的浓厚氛围。落实好创业担保贷款

政策，降低贷款门槛，简化办理流程。建好各类创业孵化基地，结合萍乡发展条件，为毕业生创业提供平台载体，衍生孵化相关创业项目，降低毕业生创业风险。（责任单位：市人社局、团市委等有关部门，各县区人民政府、萍乡经济技术开发区管委会、武功山风景名胜区管委会）

五、部门齐抓共管，营造良好社会环境

进一步完善教育、住房、医疗、文化等方面的服务保障措施，为毕业生就业创业提供良好的社会环境。教育方面，优化子女入学服务，安排其适龄子女就近入学；住房方面，给予相关购房租房补贴，完善人才公寓相关配套设施；医疗方面，高层次人才享受看病就医就诊绿色通道服务；文化方面，完善文化设施建设，举办公益文化活动，大力推进文化惠民，切实做到环境留人、文化留人、感情留人。（责任单位：市人社局、市教育局、市住建局、市卫健委、市文广新旅局等有关部门，各县区人民政府、萍乡经济技术开发区管委会、武功山风景名胜区管委会）

六、制定工作流程，高效落实激励措施

制定落实申报兑现优惠政策的工作流程，方便符合条件的各类院校毕业生及时办理。开发网上申报、审批信息平台，通过线上预约申报、线下资料提交的方式，及时兑现政策。（责任单位：市人社局、市财政局、市住建局、市住房公积金管理中心等有关部门）

七、加强资金保障，确保政策落实到位

市、县两级财政、人社部门要加大资金保障力度，确保各项政策措施兑现落地落实。租房补贴由市本级和就业创业所在县区（含萍乡经开区、武功山风景名胜区）财政各负担一半，购房补贴由所购楼盘所在县区（含萍乡经开区、武功山风景名胜区）财政负担。租房、购房补贴所需资金由市财政统一安排拨付经办单位，年终再由市财政和有关县区（含萍乡经开

区、武功山风景名胜区）财政结算；从全市就业资金中支出的由市人社部门统一安排拨付经办单位，计入有关县区（含萍乡经开区、武功山风景名胜区）就业资金分配额度基数。住房公积金管理部门要确保符合条件的住房公积金贷款资金及时发放到位。（责任单位：市财政局、市人社局、市住房公积金管理中心等有关部门，各县区人民政府、萍乡经济技术开发区管委会、武功山风景名胜区管委会）

八、强化部门联动，建立沟通协调机制

建立贯彻落实工作联席会议制度，加强各部门的沟通协调，及时研究解决政策执行过程中出现的新情况、新问题，督促协调各单位履行好工作职责，形成工作合力。加大督查指导力度，将政策贯彻落实情况纳入相关工作考核，确保政策落地见效。（责任单位：市直有关部门，各县区人民政府、萍乡经济技术开发区管委会、武功山风景名胜区管委会）

关于印发《各类院校毕业生来萍留萍就业创业措施经办流程》的通知

各县（区）就业创业服务中心、萍乡经济技术开发区民生综合服务中心、萍乡武功山风景名胜区公共服务中心：

为贯彻落实市政府办《关于促进各类院校毕业生来萍留萍就业创业的若干措施（试行）》（萍府办字〔2022〕13号）文件精神，进一步规范各项就业创业措施经办流程，为各类院校毕业生提供更加便捷高效的经办服务，现将有关事项通知如下：

一、租房补贴

（一）补贴对象

凡各类院校毕业生与企业（国有企业除外）签订1年以上劳动合同，并首次在萍连续缴纳3个月以上社保的就业人员，或办理了营业执照，稳定经营6个月以上并首次在萍连续缴纳3个月以上社保的创业人员。

（二）补贴标准

按照每人1000元/月的标准给予租房补贴，连续补贴3个月。

（三）申请流程

1. 符合条件院校毕业生向已就业企业或自主创业项目注册所在地县（区）就业创业服务机构提出申请；

2. 县（区）就业创业服务机构审核通过将补贴资金拨付到申请人社会保障卡账户。

（四）申请材料

1. 本人身份证、学历证明原件及复印件；

2. 各类院校毕业生来萍留萍租房补贴申请审批表；

3. 劳动合同或自主创业营业执照（副本）原件及复印件；

4. 租房协议原件及复印件；

5. 申请人首次在萍连续缴纳 3 个月以上社会保险费缴费证明（经办机构内部核查）；

6. 申请人社会保障卡原件及复印件。

二、一次性购房补贴

（一）补贴对象

各类院校毕业生与企业及教育、医疗类事业单位签订 1 年以上劳动合同，并缴纳 3 个月以上社保的就业人员，或办理了营业执照，并缴纳 3 个月以上社保的创业人员。

（二）补贴标准

在萍购买商品住房的，按博士、硕士、本科、专科、中专（技校生），分别给予 10 万元、5 万元、3 万元、2 万元、1 万元的一次性购房补贴。同时建立优惠楼盘库，根据开发企业承诺，购买住宅在各类常规优惠基础上再优惠 100—200 元 / 平方米（具体优惠楼盘及额度另行公布）。

（三）申请流程

1. 符合条件的院校毕业生向所购楼盘所在地县（区）就业创业服务机构提出申请；

2. 县（区）就业创业服务机构审核通过后将补贴资金拨付到申请人社会保障卡账户。

（四）申请材料

1. 本人身份证、学历证明原件及复印件。

2. 各类院校毕业生来萍留萍一次性购房补贴申请审批表。

3.劳动合同或自主创业营业执照（副本）原件及复印件。

4.购买商品房的提供已备案登记的购房合同、全额缴纳的契税发票原件及复印件；购买存量房的出具所购房屋权属证书、全额缴纳的契税发票原件及复印件。

5.申请人在萍缴纳3个月以上社会保险费缴费证明（经办机构内部核查）。

6.申请人的社会保障卡原件及复印件。

三、给予住房公积金贷款

各类院校毕业生在萍就业创业后购买首套房，并正常缴存满6个月以上住房公积金的，即可享受60万元的最高贷款额度，不受个人住房公积金余额的倍数限制；缴存了住房公积金并且无房的院校毕业生，在满足租房支取条件下，可提取个人住房公积金用于租房（提取金额按不高于1000元/月的政策执行）。

（一）贷款优惠对象

本市范围内就业创业后购买首套房，并正常缴存满6个月以上住房公积金的各类院校毕业生。

（二）贷款标准

符合条件的院校毕业生可享受60万元的最高贷款额度。

（三）申请流程

1.符合条件的申请人在公积金缴存地的承办网点提交资料；

2.承办网点进行录取、审批；

3.公积金中心进行审批和与申请人签署借款合同；

4.经办银行受理；

5.办理过户、抵押手续后申请人递交放款资料；

6.承办网点和公积金中心审批；

7.放款。

（四）申请材料

1.申请人身份、学历、婚姻状况证明材料；

2.申请人及配偶住房公积金缴存证明；

3.申请人稳定经济收入证明及其他对还款能力有影响的债权债务证明；

4.用于担保的抵押物证明材料。

四、一次性吸纳就业补贴

（一）补贴对象

本市范围内工业园区企业、城乡社区服务机构（含社区服务类企业、社会组织类）招用毕业年度高校毕业生，签订1年以上劳动合同并按规定缴纳社保的。

（二）补贴标准

按照每人1000元的标准给予企业一次性吸纳就业补贴（工业园区企业补贴最高不超过5万元/家）。

（三）申请流程

1.符合条件企业、机构向注册所在地县（区）就业创业服务机构提出申请；

2.县（区）就业创业服务机构审核通过后将补贴资金拨付到企业、机构账户。

（四）申请材料

1.企业、机构营业执照（副本）原件及复印件；

2.萍乡市企业、机构一次性吸纳就业补贴申请审批表；

3.吸纳就业的高校毕业生名单及身份证、学历证明复印件；

4.吸纳就业的高校毕业生劳动合同原件及复印件；

5.企业为高校毕业生在萍缴纳的社会保险费缴费证明（经办机构内部核查）。

五、稳定就业社保补贴

（一）补贴对象

对招用毕业年度高校毕业生或离校 2 年未就业的高校毕业生，与之签订 1 年以上劳动合同并为其缴纳社会保险费的小微企业和家庭服务业企业；对离校 2 年内未就业的高校毕业生灵活就业后缴纳的社会保险费；毕业 5 年内自主创业的高校毕业生，已进行就业登记并缴纳社会保险费的。

（二）补贴标准

小微企业和家庭服务业企业按其为符合条件的人员实际缴纳的社会保险费给予社保补贴（不包括个人应缴纳的部分），原则上最长不超过 1 年；离校 2 年内未就业的高校毕业生灵活就业社保补贴标准原则上不超过其月最低档次缴费的 2/3，补贴期限最长不超过 2 年；毕业 5 年内自主创业的高校毕业生社保补贴标准原则上不超过其最低档次缴费的 2/3，补贴期限最长不超过 3 年。

（三）申请流程

1. 符合条件的企业和自主创业高校毕业生向企业注册所在地县（区）就业创业服务机构提出申请。符合条件的灵活就业高校毕业生，属本市户籍的向户籍所在地县（区）就业创业服务机构提出申请，属外地市户籍的向本市暂住证发放地县（区）就业创业服务机构提出申请。

2. 县（区）就业创业服务机构审核通过后将补贴资金拨付到企业账户或高校毕业生社会保障卡账户。

（四）申请材料

1. 企业提供：

①企业营业执照（副本）原件及复印件；

②萍乡市企业招用高校毕业生社保补贴申请审批表；

③吸纳就业的高校毕业生名单及身份证、学历证明材料；

④企业为高校毕业生在萍缴纳的社会保险费缴费证明（经办机构内部

核查）；

⑤企业对公账号。

2. 灵活就业高校毕业生提供：

①申请人身份证、学历证明材料原件及复印件；

②萍乡市高校毕业生社保补贴申请审批表；

③申请人在萍缴纳社会保险费缴费证明（经办机构内部核查）；

④申请人社会保障卡原件及复印件。

3. 自主创业高校毕业生提供：

①营业执照（副本）原件及复印件；

②申请人身份证、学历证明材料原件及复印件；

③萍乡市高校毕业生社保补贴申请审批表；

④申请人在萍缴纳社会保险费缴费证明（经办机构内部核查）；

⑤申请人社会保障卡原件及复印件。

六、一次性创业补贴或优秀创业项目资助

（一）补贴对象

高校毕业生（毕业 5 年内）在萍首次创办企业或从事个体经营，办理了营业执照并稳定经营 1 年以上的。

（二）补贴标准

给予一次性 5000 元的创业补贴或优秀创业项目资助。

（三）申请流程

1. 符合条件的高校毕业生向首次创业项目注册所在地县（区）就业创业服务机构提出申请；

2. 县（区）就业创业服务机构审核通过后将补贴资金拨付到高校毕业生社会保障卡账户。

（四）申请材料

1. 申请人身份证、学历证明材料原件及复印件；

2.企业或个体经营营业执照（副本）原件及复印件；

3.萍乡市高校毕业生一次性创业补贴申请审批表；

4.企业财务报表、员工工资支付凭证和个体经营进货单、销售明细表、服务清单（三选二）等原件及复印件；

5.申请人社会保障卡原件及复印件。

七、创业贷款

（一）贷款对象

各类院校毕业生在萍创业的。

（二）贷款额度

10万元以内的创业贷款免予担保；在萍个人自主创业的，给予不超过30万元的创业担保贷款；合伙创业的，给予不超过200万元的创业担保贷款；创办企业的，给予不超过300万元的创业担保贷款。以上贷款按政策规定给予贷款贴息。

（三）申请流程

1.符合条件的院校毕业生向创业项目注册所在地县（区）就业创业服务机构提出申请；

2.县（区）就业创业服务机构和经办银行对申请人进行初审及贷前调查，初审通过后提交贷款评审会进行审定；

3.贷款评审会审定后由县（区）就业创业服务机构推荐至经办银行，经办银行及时将贷款发放至申请人银行账户。

（四）申请材料

10万元免担保创业贷款所需资料：申请人身份证或社保卡。

10万元以上个人创业贷款所需资料：

1.申请人身份证或社保卡；

2.大专及以上学历证书；

3.反担保人身份证或社保卡。

合伙创业或组织起来共同创业贷款所需资料：

1. 合伙创业或组织起来共同创业人员身份证或社保卡；

2. 反担保人身份证或社保卡、抵（质）押物权证；

小微企业创业贷款申请所需资料：

1. 法定代表人身份证或社保卡；

2. 与 1 年内新招用人员签订的劳动合同，申请当月或上月银行发放工资流水记录和企业上年同期工资发放凭证；

3. 上年度及申请当月或上月的资产负债表、利润表。

以上申请材料、项目经营等信息，可通过数据共享获取核验的，申请人无需提供纸质材料；数据共享无法获取核验的，需申请人提供原件或复印件。

八、优秀创业项目奖励

（一）奖励对象

在萍登记注册的创业项目获得国家级、省级、市级牵头举办的创业大赛前三名的，按照名次由高到低进行奖励。

（二）奖励标准

获得国家级、省级、市级牵头举办的创业大赛前三名的创业项目，按照名次由高到低奖励标准为：国家级 20 万元、18 万元、16 万元；省级 10 万元、8 万元、6 万元；市级 5 万元、3 万元、2 万元。

（三）申请流程

1. 符合条件创业项目创始人或法定代表人向注册所在地县（区）就业创业服务机构提出申请；

2. 县（区）就业创业服务机构审核通过后将奖励资金拨付到该创业项目企业公账。

（四）申请材料

1. 项目创始人或法定代表人本人身份证原件及复印件；

2. 创业项目营业执照（副本）原件及复印件；

3. 萍乡市优秀创业项目奖励申请审批表；

4. 获奖证书原件及复印件。

九、其他

1. 所有扶持奖励措施实行申请人申领承诺制，即申请人对本人提交有关材料和填报情况的真实性作出承诺（如申请租房补贴时要确认本人从未在萍乡购买住房、申请一次性购房补贴时要确认本人从未在萍乡享受过购房安家费或享受的购房安家费不高于一次性购房补贴等相关政策）。如果申请人实际情况与承诺内容不相符，隐瞒真实情况或者提交虚假材料等违法取得扶持奖励资金，经办机构可撤销其申领资格，追回所领资金，并将虚假申领等失信信息报送相关信用信息管理部门。

2. 所有补贴资金涉及的社会保险缴纳情况，原则上须同时缴纳四险，如申领对象只缴纳其中一项社会保险费，必须是缴纳养老保险费才能视同缴纳。

九江市人才新政 30 条

为贯彻落实《中共江西省委关于深化人才发展体制机制改革的实施意见》（赣发〔2017〕4 号），加快构建招引人才、培育人才、激励人才、用好人才、留住人才的支撑体系，最大限度激发和释放人才创新创造创业的活力，为九江打造"5+1"千亿产业集群提供强有力的人才支撑，现制定如下政策：

一、创新完善人才集聚模式

深入实施"双百·双千"人才工程引进计划，引进一批高端人才、急需紧缺高层次人才、高层次人才团队、高校毕业生、留学人员等来九江创新创业。

1. 加大高端人才引进力度。对新引进全职诺贝尔奖获得者、院士等国内外顶尖人才，分三年给予 1000 万元的项目资金支持，给予 300 万元安家费，配备工作助手和工作用车，每月给予 1 万元生活补贴；对企业新引进全职国家"万人计划"中除杰出人才之外的入选人员、国家杰出青年科学基金获得者、中科院"百人计划"A 类入选人员等国家级人才，分三年给予 300 万元—500 万元的项目资金支持，给予 50 万元—100 万元安家费。

2. 大力引进急需紧缺高层次人才。对企业新引进全职急需紧缺高层次人才，分三年给予 50 万元—100 万元的项目资金支持，给予 20 万元—60 万元安家费。

3. 加大对引进高层次人才及团队创业的支持力度。对新引进高层次人才及团队来九江创办高新技术企业达到规模以上的，经认定后分三年给予500万元—1000万元的项目资金支持；对企业新引进掌握国际领先技术、生成重大项目并带动产业集群发展的领军人才及团队，实行"特事特办、一人一策"，经认定后分三年给予1000万元—2000万元的项目资金支持。

4. 实施高校毕业生集聚计划。对企业新引进在九江工作并参加了社会保险的全日制博士研究生、硕士研究生、"双一流"高校本科毕业生，三年内每人每月分别给予3000元、1500元、1000元的生活补助，其中在九江市城区内工作的可申请入住市人才公寓。加大高校毕业生就业创业扶持力度。毕业五年内的高校毕业生（含在校大学生）自主创业，稳定经营1年以上，可申请一次性创业补贴5000元。对家庭困难的本地应届高校毕业生，给予求职者一次性求职补贴1000元。高校毕业生自主创业可享受最高可达三年的社保补贴，补贴标准最高可达实际缴费的2/3。对符合条件创业的，发放创业贴息担保贷款，个人最高可达10万元，符合二次扶持条件的最高可达30万元。对合伙经营和组织起来创业的，贷款最高可达80万元。对劳动密集型小企业（促进就业基地）等，贷款最高可达400万元。对高校毕业生创办的入驻企业、个人在创业孵化基地内发生的物管费、卫生费、房租费、水电费，三年内按每月最高可达实际费用的60%给予补贴。

5. 完善留学人员回国和外籍人才服务措施。健全完善九江留学人员创业园管理办法，吸引优秀留学人员来九江创新创业。对入园创办或联合创办企业半年及以上的，从留学人员创业园专项资金中给予项目资金支持，一般项目为10万元—30万元，落户项目为国家级重大科研项目或国家重点实验室的为30万元—50万元。符合条件的，可享受工作用房、生活补贴、费用减免、配偶随调、子女入学和职称评聘等优惠政策。

鼓励和支持企事业单位建立"海外招才引智"工作站、海智计划工作站，经认定后对新站给予10万元—15万元的建站资金支持。

为符合条件的外国籍高层次人才及其配偶、未满18周岁未婚子女申请在中国永久居留以及外国人永久居留身份证的换发、补发提供便利服务，为高校外籍毕业生来九江工作实习提供签证便利。

6. 实施"浔才回家、浔商回家"计划。统筹做好"招商引资、招才引智"工作，鼓励和支持九江市驻外机构及市直有关部门建立招才引智工作站，定期组织座谈会、茶话会、项目考察、技术指导等活动，积极向"浔商""浔才"宣传推介九江经济社会发展情况和人才政策，鼓励和支持"浔商""浔才"返乡创业。

7. 建立人才引进激励制度。凡引进的高层次人才在产业发展、技术攻关、科技转化、融资贷款和项目落户等方面发挥成效较好的，对引进人才的企业或人力资源服务机构给予引才奖励。对企业新引进全职国内外顶尖人才或国家级人才的，给予引进人才的企业或人力资源服务机构20万元—100万元引才奖励。对企业新引进急需紧缺高层次人才的，给予引进人才的企业或人力资源服务机构5万元—10万元引才奖励。对招才引智成效较好的企业、人力资源服务机构或个人，给予3万元—10万元引才奖励，贡献突出的，给予20万元引才奖励。

鼓励高校、科研院所、公立医院、文化等事业单位通过年薪工资、协议工资、项目工资等形式聘用或柔性引进高层次人才。对符合条件的柔性引进人才，优先入选"双百·双千"人才工程。对柔性新引进的企业高层次人才，给予引进人才的企业或人力资源服务机构最高可达5万元奖励。

二、健全完善人才培育机制

深入实施"双百·双千"人才工程培育计划，三年为一个培养周期，在石油化工、现代纺织、电子电器、新材料、新能源、新动能、金融、管理、教育卫生、现代农业、电子商务、文化艺术等行业中，培养和造就一批尖端产业人才和创新人才。

8. 实施高精尖人才引领培育计划。对新入选江西省"双千计划"人才，给予10万元—100万元的项目资金支持；对新入选江西省"双千计划"创新创业团队的，给予100万元—200万元的项目资金支持，给予所在企业5

万元—10万元育才奖励。

对入选"双百·双千"人才工程高精尖人才引领培育计划的，在培养周期内给予30万元的项目资金支持。

9. 培养一批企业经营管理人才。组织企业经营管理人才到高校培训学习、参加高层论坛等。邀请国内知名专家学者来九江讲学、研讨和交流。聘请国内外优秀经营管理人才组成"智囊团"，为九江经济社会发展出谋划策。

每年对10名企业领军人才，给予每人10万元奖励；对10名优秀企业家，给予每人2万元奖励。

对入选"双百·双千"人才工程企业经营管理人才培育计划的，在培养周期内给予15万元的项目资金支持。

10. 选拔培养一批学科学术和技术带头人。选拔一批青年科学拔尖人才培养对象，培养一批学科学术和技术带头人，定期遴选一批中青年优秀科研人员到国内外知名院校、科研机构或经济发达地区研修学习。力争用三到五年时间，培养出50名省级及以上主要学科学术和技术带头人。对新认定或新入选为省级学术学科和技术带头人、青年科学家培养对象、"井冈之星"、"四个一批"人才工程、江西省文化名家工程、"江西省国医名师"等拔尖人才的，给予5万元—10万元的项目资金支持。对企业新取得正高级职称的人才，三年内每年给予1万元补贴。

支持建立"名医、名师、名家"工作室和人才联系点。对新建的市级"名医、名师、名家"工作室，经认定后三年内每年给予10万元的资金支持。对新建的市级人才联系点，经认定后给予10万元的资金支持。

鼓励和支持文艺创作人员参加国家、省有关部门组织的各类文艺创作评选活动。对获得国家、省级奖励的，经认定后给予0.5万元—1万元创作补贴。对新取得中国文联各协会国家级会员资格的，给予1万元创作补贴。

对入选"双百·双千"人才工程学科学术和技术带头人培育计划的，在培养周期内给予15万元的项目资金支持。

11. 实施领军人才培养工程。围绕"5+1"千亿产业集群发展，鼓励和支持培育各类领军人才，领衔组建产业技术创新团队，争取在自主创新、关键技术攻关、科技成果转化和推广等方面取得新突破。

对入选"双百·双千"人才工程创新创业团队的，在培养周期内给予60万元的项目资金支持。

对入选"双百·双千"人才工程领军人才培育计划的，在培养周期内给予30万元的项目资金支持。

12. 培养一批高技能人才队伍。加大实用型技能人才的培养力度，培养一批掌握先进技术、先进工艺和操作技能的高技能人才。每年培养1000名紧缺技能人才、1000名青年高技能人才。对新创建的国家级、省级技能大师工作室，分别给予15万元—20万元、10万元—15万元的项目资金支持。对新建的市级技能大师工作室，经认定后给予5万元的项目资金支持。对新创建的国家级、省级高技能人才培养示范基地，分别给予300万元、100万元—200万元的项目资金支持。对新建的市级高技能人才培养示范基地，经认定后给予50万元—100万元的项目资金支持。

鼓励各类技能人才参加国内外技能大赛，对获得"中华技能大奖""全国技术能手"等奖项的，给予个人及所在单位各10万元奖励；对入选"赣鄱工匠"、获得江西省"振兴杯"技能大赛奖项的个人或团体给予最高可达3万元奖励，给予所在单位1万元奖励。对企业新取得高级技师资格证书的人才，三年内每年给予1万元补贴。

对入选为"双百·双千"人才工程高技能人才培育计划的，在培养周期内给予5万元—10万元的项目资金支持。

13. 大力培养农村实用人才。为乡村振兴培养一批有文化、懂技术、善经营、会管理、适应现代农业发展、在助力脱贫攻坚和壮大农村集体经济中业绩突出的新型农民。

对入选为"双百·双千"人才工程农村实用人才培育计划的，在培养周期内给予5万元—10万元的项目资金支持。

三、发挥创新创业平台集聚作用

14. 加快推进产业研究平台建设。鼓励和支持"5+1"千亿产业集群骨干企业依托园区等创建或联合创建承担产业前沿及技术研究任务的高端产业研究院，鼓励和支持各地高等院校和科研院所来九江创办或联合创办产业研究院。实体运行的产业研究院，经认定后给予 50 万元—100 万元的项目资金支持。

15. 发挥科创平台技术引领作用。支持高校、科研院所、企业、园区等单位加大科研实验室、工程技术研究中心、企业技术中心、博士后科研工作站、博士后科研流动站、博士后创新实践基地等科创平台的建设。

对新认定的国家级工程（企业）重点实验室、企业技术中心等平台，给予 400 万元的项目资金支持；对新认定的省级、市级创新中心、工程（重点）实验室、工程技术研究中心、企业技术中心、工业设计中心等平台，分别给予 50 万元、10 万元的项目资金支持；对新认定的国家级、省级、市级双创示范基地、科技企业孵化器、众创空间、星创天地建设等平台，分别给予 50 万元、20 万元、5 万元的项目资金支持。

对新认定的博士后科研工作站、博士后科研流动站和博士后创新实践基地，分别给予 50 万元、50 万元、30 万元的建站资金支持，给予每名进站博士 10 万元的项目资金支持。

对企业新引进技术或成果来九江应用并取得明显效益的，对转让方给予 50 万元奖励。三年内应用达到一定规模的，对应用技术或成果的企业给予 10 万元—50 万元奖励，对转让方给予 100 万元—500 万元奖励。

16. 大力加强院士工作站建设。围绕产业创新驱动、企业转型升级，力争用三到五年时间在全市建立 50 家以上院士工作站，柔性引进 50 名以上院士、300 名专家团队成员来九江服务。对批准新建的市级院士工作站，给予 50 万元—100 万元的建站资金支持。对发挥成效较好的院士工作站，给予 5 万元—10 万元奖励。

17. 建立高新技术产业孵化平台。鼓励和支持九江经济技术开发区、共青城高新技术产业开发区、鄱阳湖生态科技城和其他县（市、区）园区创建不小于 1 平方公里的科技园区。大力引进和培育高新技术创新创业人才及团队，对引进项目成效较好的科技园区，给予 30 万元—50 万元的资金支持。

18. 推进高校人才资源开发。发挥驻市高等院校人才资源优势，通过聘请顾问、兼职挂职、技术指导等方式服务"5+1"千亿产业集群发展。对发挥成效较好的，给予个人 5 万元—10 万元、派出单位 3 万元—5 万元奖励。

加强校地、校企深度合作，鼓励园区、企业与高校、科研院所联合共建新型研发机构，开放共享实验室、公共技术平台等资源，开展产业发展研究、技术合作和科技攻关，促进科技成果在九江就地转化。对开放共享实验室、研发平台的机构或单位，经认定后给予 5 万元—10 万元的资金支持。

鼓励企事业单位建立高校、科研院所实践基地，联合培养人才，提高企业科研、产品开发能力和人才队伍建设。经认定后给予 5 万元—10 万元的资金支持。

19. 鼓励金融人才服务实体经济。积极引进知名金融机构落户，鼓励和支持各类金融机构及高端金融人才为"5+1"千亿产业集群发展提供专业金融服务。每两年一次，对在九江项目融资、公司募资、重组配资等工作中做出贡献的金融人才，给予 5 万元—10 万元奖励；贡献突出的，给予 20 万元奖励。对引进金融机构的企业或个人，给予 3 万元—5 万元奖励。

20. 建立科技资源共享服务平台。搭建九江市科研成果转化、技术交易、人才交流等网络平台，鼓励和支持科技成果转化、技术交易和人才交流。

四、优化人才服务保障机制

21. 设立人才科技创新引导基金。政府出资 1 亿元，统筹社会资金 2 亿元—5 亿元，重点用于科技型企业，特别是高新技术企业和重点研发平台在重大研发攻关和产业转型升级发展中的股权投资，对企业高层次尖端人才或创新团队领衔的重大产业项目融资予以优先支持。

22. 建立人才激励机制。对为九江科技创新和产业发展做出重大贡献、获得国家科技进步特等奖的个人或团队，给予最高可达 100 万元奖励。对获得国家自然科学、技术发明和科学技术进步奖的个人或团队，给予 30 万元—50 万元奖励。对获得省部级科学技术奖的个人或团队，给予 5 万元—20 万元奖励。对九江市优秀专利发明人，给予 2 万元—5 万元奖励。

对在九江经济社会发展中实现重大科研突破、重要科技成果转化、重点产业发展培育、社会事业、文化艺术等领域贡献突出的人才，给予每人 5 万元—10 万元奖励。

建立市政府特殊津贴制度。每两年推荐高层次专业技术人才和高技能人才各 10 名，由市政府颁发特殊津贴证书，给予每人 1 万元津贴。开展"九江工匠"技能人才竞赛活动，每两年一次，每次 10—20 人，每人给予 1 万元奖励。

23. 健全人才服务工作机制。进一步加强党委联系服务专家制度建设，加强对高层次人才的政治引领和政治吸纳，及时掌握各类高层次人才工作、学习和生活情况，主动帮助其解决实际困难。

建立"人才绿卡"制度，向高层次人才发放"人才绿卡"，并授予"荣誉市民称号"。"人才绿卡"获得者，可享受每年一次的免费体检和免费参观九江市公办旅游景点、人才休假疗养、优先就医、优先预约专家会诊等政策。

提供"店小二"式人才服务。按照"谁引聘，谁负责;谁审批，谁协办"的原则，由各职能部门全程协助人才办理项目申报、资金申拨、选拔推荐、配偶随调、子女就学等事宜。

创新人才服务方式，建立九江市人才库，通过网络为人才提供便捷的线上服务。

24. 鼓励青年人才来九江落户。实行人才落户"零门槛"，全日制大中专及以上毕业生，凭毕业证、身份证等来九江即可申请办理落户手续。

25. 完善人才住房、购车等补贴办法。对新引进的高层次人才，三年内免费提供人才公寓，申请住房公积金贷款不受缴存时间限制，在九江购买首辆家用轿车给予最高可达 5 万元补贴，按"属地原则"由引进地政府财政承担。

对企业新引进的高层次人才，三年内个人所得贡献地方部分给予相应补贴，按"属地原则"由引进地政府财政承担。

对新引进的全日制硕士研究生或副高职称及以上的人才和企业新引进的全日制"双一流"高校本科毕业生，三年内入住人才公寓租金减半。

对新引进的全日制大专（包括取得高级工、预备技师职业资格的高级技校、技师学院全日制毕业生）及以上毕业生在企业工作一年以上，在九江首次购房给予最高可达 3 万元补贴，按"属地原则"由引进地政府财政承担。

26. 妥善安排高层次人才家属工作。引进急需紧缺高层次人才，其配偶属机关事业单位的，进行对口安置。非机关事业单位的，原则上由引进单位妥善安排，安排确有困难的，适当给予生活补贴。

27. 保障高层次人才子女就学意愿。对高层次人才子女就读公办幼儿园、义务教育阶段、高中阶段转学，不受户籍限制，充分保障其就学意愿。

28. 营造人才发展良好氛围。运用各类传统媒体和新媒体，在报刊、电视、网站、微媒体等开辟专栏，大力宣传人才新政和人才创新创业先进典型，通过招聘培训、座谈交流、体检疗养、走访慰问和总结表彰等活动，在全社会营造和形成识才、爱才、敬才、用才的良好氛围，实现创新创业有平台，高端人才有事业，实用人才有作为。

五、强化人才工作保障措施

为加强对全市人才工作的统一领导，由市委书记兼任市委人才工作领导小组组长，市委副书记、市长为第一副组长，组织部部长为常务副组长，有关部门主要负责人为成员。

29.加大人才发展专项资金投入。每年人才发展专项资金，市本级按不低于3000万元列入财政预算，各县（市、区）根据实际按原则上不低于300万元列入财政预算，并根据工作需要逐年增加。

30.健全人才工作目标责任制。推进人才工作目标责任制，健全人才工作专项述职长效机制，将考评结果纳入各级领导班子年度考核，做到年初定任务、年中抓督查、年终有考评。各县（市、区）要出台人才新政，鼓励因地制宜制定人才发展改革措施。

本文件自印发之日起施行，此前有关政策与本文件不一致的，以本文件为准。有关职能部门要根据本文件精神，研究制定配套实施办法。

本文件由市委人才工作领导小组办公室负责解释。

南昌新 "人才 10 条"

一、支持青年人才在昌创业就业

对大学生和高级技师、技师来昌工作，首次在昌缴纳社保的，按全日制博士、全日制硕士及高级技师、全日制本科及技师分别给予每人生活补贴 10 万元、3 万元、1 万元。生活补贴分两笔发放，每笔发放 50%，缴纳社保满 6 个月发放第一笔，缴纳社保满 12 个月发放第二笔。

二、支持青年人才安居乐业

在全市各县区科学布局人才驿站（"洪漂"驿站），并逐步实现点位全覆盖，为来昌求职的大学生和高级技师、技师提供免费住宿，时间最长可申请 3 个月。大力支持县区和企事业单位按照政策规定自建人才公寓。对符合政策的人才驿站（"洪漂"驿站）、人才公寓可纳入保障性租赁住房使用管理。

对来昌工作并首次在昌缴纳社保的全日制博士、全日制硕士及高级技师、全日制本科及技师（不含机关事业单位在编人员），每人给予租房补贴 1 万元，租房补贴分两笔发放，每笔发放 50%，缴纳社保满 6 个月发放第一笔，缴纳社保满 12 个月发放第二笔，申领租房补贴须凭商品房租赁备案登记凭证。

来昌工作并首次在昌缴纳社保的全日制博士、全日制硕士及高级技师（不含机关事业单位在编人员）在昌首次购买商品住房，分别给予每人一次性购房补贴 10 万元、6 万元，申领购房补贴须在昌缴纳社保满 12 个月。

三、支持驻昌企业提供就业岗位

每年在全市组织征集 20 万个以上的就业岗位，定期面向社会发布，并通过组织开展"百场校招""洪漂人才荟"等各类招聘活动，推动大学生和高级技师、技师来昌就业。

注重开发驻昌企业等各类用人单位的优质岗位资源，积极为大学生和高级技师、技师来昌就业提供岗位保障。

鼓励在我市注册登记的企业大力引进大学生和高级技师、技师，凡引进大学生和高级技师、技师，并为其首次在昌缴纳社保满 12 个月的，按照全日制博士 5000 元 / 人、全日制硕士及高级技师 3000 元 / 人、全日制本科及技师 1000 元 / 人的标准，给予企业提供就业岗位补贴。

四、支持博士后在昌入站并留昌就业

对我市新获批设立的博士后科研工作站、省博士后创新实践基地和市博士科研创新中心，分别给予建站（基地、中心）资助 50 万元、30 万元、20 万元。

对我市博士后科研工作站的进站博士后，给予每人一次性科研经费资助 20 万元；给予每人每年生活补助 4 万元，国（境）外博士后每人每年生活补助再增加 2 万元，最长补助三年；对获得中国博士后科学基金和省科研项目资助的，按照 1:1 比例给予配套资助。

对留昌、来昌工作的博士后，且首次择业与我市企事业单位签订 3 年及以上劳动合同的，给予每人留昌、来昌补助 20 万元，分三年发放。

五、支持企事业单位引育高层次人才

对我市企事业单位引育的符合高层次人才分类认定标准的国内外顶尖人才、国家级领军人才、地方级领军人才、高级人才，在子女就学、配偶随迁、

医疗保健等方面给予支持。

子女就学方面，上述四类高层次人才子女在学前教育、义务教育、高中教育阶段，根据人才意愿和实际情况，按照有关文件规定和"就近就便、分级分类、统筹安排"的原则，给予高层次人才子女入学优待政策。

配偶随迁方面，国内外顶尖人才、国家级领军人才配偶随迁，可按照同等单位性质相应给予安排。

医疗保健方面，将上述四类高层次人才纳入全市高层次人才医疗保健范畴并开辟就医绿色通道。对我市重点企业和医疗、教学、科研等单位引进的紧缺急需人才，可由企业和单位提出需求，相关部门审核评估，按照"一人一策"给予支持。

六、支持引进人才创新团队

支持我市企事业单位引进人才创新团队，围绕创新发展大力实施科技攻关和成果转移转化，并根据团队水平和项目内容，设置国内外顶尖人才创新团队、国家级领军人才创新团队、地方级领军人才创新团队、高级人才创新团队等四个团队类别。

针对上述四类人才创新团队，通过采取"依托项目、合同管理"的方式和考核评估，分别给予500万元、400万元、200万元、50万元项目扶持，扶持资金按照4:3:3的比例分申报立项、中期评估、项目验收三个阶段进行发放；对团队成员中获得国家科学技术奖励二等奖及以上奖项的前三名完成人，分别给予200万元、100万元、50万元安家补贴，获得省科学技术奖励二等奖及以上奖项的第一完成人给予50万元安家补贴。

大力支持在"创青春""互联网+""挑战杯""中国创翼""中国研究生创新实践系列大赛"等全国性大学生创新创业大赛中获金、银、铜奖（或相当于前三等奖项）的创新项目落地南昌，并视落地情况分别给予50万元、30万元、20万元的项目资助。

对中央、省属驻昌单位引进的人才创新团队，可按照"一事一议"给予支持。

七、支持人才创业团队来昌创办企业

对来昌创办企业的人才创业团队，按人才层次、技术水平、投资力度、发展前景、落地成效等，设置国内外顶尖人才创业团队、国家级领军人才创业团队、地方级领军人才创业团队、高级人才创业团队等四个团队类别。

上述四类人才创业团队来昌创办企业并经考核评估，分别给予1000万元、800万元、400万元、100万元创业扶持和最高不超过600万元贷款额度的三年贴息，扶持资金按照4:3:3的比例分企业落地、企业运营、企业成长三个阶段进行发放。

对经考核评估，取得突出创业成效的团队带头人给予100万元安家补贴。在全市开发区或大学生创业园、留学人员创业园、众创空间中，为上述四类人才创业团队提供100—1000平方米办公场所，3年内免收租金或给予最高60万元租金补贴。

八、支持创新平台建设

对我市新获批的国家工程研究中心、国家企业技术中心、全国重点实验室、国家技术创新中心、国家制造业创新中心、国家级工业设计中心给予一次性500万元的经费支持；

新获批的省级工程研究中心、省级企业技术中心、省级重点实验室、省级技术创新中心、省级制造业创新中心、省级工业设计中心给予一次性50万元的经费支持；

新获批的市级工程技术研究中心、市级企业技术中心、市级重点实验室给予一次性20万元的经费支持。

对年营收3亿元以上工业企业建立研发机构，经考核评估后给予一次性10万元的经费支持，并逐步推进年营收1亿元以上工业企业普遍建立研发机构。

对获批组建的国家实验室、大科学装置、省实验室按照"一事一议"给予政策支持。

九、支持新型研发机构转型

对我市合作共建的新型研发机构,以成果转化、服务企业、支撑产业为目标,将人才引进、成果转化、企业孵化和实现产业经济效益等作为产出指标进行绩效考核,并根据合作共建协议和绩效考核情况给予经费支持,推动新型研发机构实现由"输血"到"造血"转型。

支持企业、高校、科研院所合作共建新型研发机构,突出对产业的支撑引领作用,经评估论证后给予最高 2000 万元经费支持。

推动龙头企业研发中心认定为新型研发机构,成立新型研发机构联盟,吸纳省、市级新型研发机构加入联盟,密切企业与新型研发机构联系,助推科研成果转移转化。

十、支持兑现人才政策便捷高效

依托"昌通码"小程序"优惠政策直达"应用场景,实现人才政策"一网查询",并通过个人诚信申报、用人单位审核、系统智能审批,实现生活补贴、租房补贴、购房补贴等人才政策"免批秒兑"。优化兑现平台数据分析、短信推送、企业查询等功能,建立健全动态评估、诚信管理、部门协同等工作机制,不断提升人才服务水平,打造人才服务品牌。

本政策自印发之日起施行,由市委人才工作领导小组办公室承担具体解释工作;此前来昌留昌创业就业的大学生和技能人才按原"南昌'人才10 条'"保障;与我市其他政策有重复交叉的按"就高不重复"原则执行。

《南昌新"人才10条"》政策解读

为认真学习贯彻党的二十大精神和习近平总书记考察江西重要讲话精神，严格落实省委、市委有关工作部署，聚焦"走在前、勇争先、善作为"的目标要求，进一步加强和改进新时代南昌人才工作，为全面建设社会主义现代化南昌提供坚强的人才保障和智力支持。近期，南昌市对《南昌"人才10条"》进行了调整优化，制定出台了《南昌新"人才10条"》。

一、出台背景

2020年，南昌市出台了《南昌"人才10条"》，政策实施三年来，为全市经济社会发展发挥了积极作用。为适应新形势新任务新要求，南昌市委、市政府制定出台了《南昌新"人才10条"》。主要基于以下三方面考虑：

一是贯彻落实习近平总书记考察江西重要讲话精神的重要举措。习近平总书记考察江西，强调要解放思想、开拓进取，扬长补短、固本兴新，努力在加快革命老区高质量发展上走在前、在推动中部地区崛起上勇争先、在推进长江经济带发展上善作为，奋力谱写中国式现代化江西篇章。省委、省政府对省会南昌提出了打造"全国重要人才集聚中心"的要求，为学习贯彻习近平总书记考察江西重要讲话精神，落实省委、省政府关于人才工作的部署要求，进一步解放思想、创新举措，制定出台《南昌新"人才10条"》，进一步推动习近平总书记考察江西重要讲话精神在南昌落地生根、见行见效。

二是深入实施省会引领战略的发展需要。人才是推动经济社会发展的关键因素。加快推动"一枢纽四中心"建设，以综合实力和发展能级提升全面落实省会引领战略，全面建设社会主义现代化南昌，需要大量高素质专业化人才来引领、来推动。南昌市聚焦高质量发展需要，持续深入实施人才强市战略，通过制定出台《南昌新"人才10条"》，以更大力度、更实举措、更优服务，进一步推动创新链、产业链、人才链、资金链、政策链的深度融合，加快构建人才发展新格局，为建设社会主义现代化南昌提供坚强的人才保障和智力支持。

三是调整优化人才引进策略的现实要求。2020年，南昌市着眼于做大城市人口规模和人才总量需要，出台《南昌"人才10条"》，重点引进各类大学毕业生和技能人才，政策实施三年来，惠及21万人才，取得了较好成效，但与高质量发展需要相比仍存在一定差距。为进一步优化人才结构、提高人才层次，提升人才政策竞争力和精准性，南昌市制定出台《南昌新"人才10条"》，转变引才思路和策略，强化对高层次人才及人才团队引进培养和高水平人才平台建设使用，在持续壮大人才队伍总量的基础上，实现人才总量和质量的"双提升"。

二、主要特点

《南昌新"人才10条"》注重人才工作的供给侧思维，拓宽用人主体视野，延伸人才选用触角，进一步聚焦重点领域、聚焦产才融合、聚焦高端人才，调整优化人才政策体系。主要体现了以下几个特点：

一是更加注重提升人才层次。《南昌新"人才10条"》保留了《南昌"人才10条"》生活补贴、购房补贴、供岗补贴等实施效果较好的政策，更加突出人才引进质量，优化人才结构，加大了对高层次、高学历人才在生活补贴、项目资助、创业扶持等方面的支持力度，以增强对高层次高学历人才的吸引力。

二是更加注重推动产才融合。《南昌新"人才10条"》坚持"以产引才、以才兴产"的工作思路，进一步统筹人力物力财力，将过去单一、普惠、独立的人才引进政策，调整为推动产才融合、注重综合实效、体现经济贡献的产才融合政策，旨在有效推动创新链、产业链、人才链、政策链、资金链深度融合。

三是更加注重加强载体建设。《南昌新"人才10条"》注重服从服务于全省"1269"行动计划和南昌市重点产业链现代化建设需要，通过支持各类人才创新平台建设，促进技术、资金、政策、人才等创新要素向产业集聚。同时注重强化对人才创新平台"产学研用"的考核评估，强化科研成果的转移转化，提高人才平台的投入产出效益。

四是更加注重优化服务保障。《南昌新"人才10条"》继续保持南昌人才政策"便捷高效"兑现原则，优化了奖补项目、细化了拨付条件，有效化解了资金风险，保障了兑付安全。在程序设计上，将诚信申报、过程监督相结合，进一步建立健全相关机制，以确保在便捷高效的同时又做到严谨规范。

三、重点内容

《南昌新"人才10条"》重点围绕青年人才、高层次人才、创新创业人才团队、科研平台建设、人才政策兑现等五个方面构建政策体系，以生活有补贴、就业有岗位、安居有实惠、创业有扶持、创新有奖励、发展有平台、服务有保障、兑现有效率等8方面为着力点，真心实意、真抓实干，支持各类人才来昌留昌创业就业。具体内容主要包括：

一是支持青年人才。第1条：支持青年人才在昌创业就业。按照学历层次，给予来昌创业就业的全日制本科及以上大学生和高级技师、技师相应生活补贴。第2条：支持青年人才安居乐业。通过前期免费住宿、中期租房过渡、后期安家购房三个阶段，为青年人才来昌求职和在昌工作提供安居保障。第3条：支持驻昌企业提供就业岗位。每年在全市组织征集20万个以上就业岗位，开展各类招聘活动，并按照引进人才学历层次给予用人单位供岗补贴。

二是支持高层次人才。第4条：支持博士后在昌入站并留昌就业。通过对新获批的国家级、省级、市级博士后科研工作站（创新实践基地、创新中心）给予建站补贴，对在昌入站和留昌、来昌博士后给予科研资助和生活补助，吸引更多博士后来昌入站和工作。第5条：支持企事业单位引育高层次人才。结合南昌市高层次人才分类认定，在子女就学、配偶随迁、医疗保健等方面给予相关配套政策。对南昌市重点企业和单位引进的紧缺急需人才，按照"一人一策"给予支持。

三是支持创新、创业人才团队。第6条：支持引进人才创新团队。按照人才创新团队水平和项目内容，对人才创新团队进行分类，按照类别给予相应的项目扶持、安家补贴，给予大学生获奖创新项目资助，吸引各类人才创新团队来昌开展科技攻关和成果转移转化。第7条：支持人才创业团队来昌创办企业。按照人才创业团队的人才层次、技术水平、投资力度等，对人才创业团队进行分类，按照类别给予相应创业扶持、贴息贷款、安家补贴、办公场所，吸引各类人才创业团队来昌创办企业。

四是支持科研创新平台。第8条：支持创新平台建设。对南昌市新获批的国家级创新平台、省级创新平台和市级创新平台给予相应经费支持。支持年营收3亿元以上工业企业建立研发机构，推进年营收1亿元以上工业企业普遍建立研发机构。对获批组建的国家实验室、大科学装置、省实验室按照"一事一议"给予政策支持。第9条：支持新型研发机构转型。加强对新型研发机构的考核管理，同时支持企业、高校、科研院所合作共建新型研发机构，并推动龙头企业研发中心认定为新型研发机构，成立新型研发机构联盟，助推科研成果转移转化。

五是支持政策服务平台建设。第10条：支持兑现人才政策便捷高效。依托"昌通码"小程序"优惠政策直达"应用场景，通过人才诚信申报、用人单位审核、系统智能审批，实现生活补贴、租房补贴、购房补贴等人才政策"免批秒兑"和人才政策"一网查询"。优化兑现平台功能，建立健全工作机制，不断提升人才服务水平，确保人才资金兑付安全。

四、说明事项

《南昌新"人才10条"》自印发之日（2023年10月24日）起施行，此后来昌留昌创业就业符合条件的人才执行本政策。与我市其他政策有重复交叉的按"就高不重复"原则执行。2020年6月16日至2023年10月23日来昌留昌创业就业的大学生和技能人才按原《南昌"人才10条"》予以保障，可继续在"昌通码"小程序申领相关政策补贴。《南昌新"人才10条"》各政策条款具体操作实施细则，由市委人才工作领导小组办公室牵头市直有关单位分别制定，相关责任单位共同配合执行，线上兑现平台将根据具体操作实施细则进一步开发优化。